「我是兒子，我來照顧」

28位兒子照顧者的真實案例，長照路上最深刻的故事

平山亮——著　上野千鶴子——解說　薛寧心——譯

推薦序

面對日漸年邁的父母，身為「兒子」的你，準備好了嗎？

老年醫學、安寧緩和專科醫師
TED×Taipei 講者　朱為民

我是一個老年醫學、安寧緩和專科醫師，也是個兒子。

在照顧老年人和末期病患的經驗之中，我看過非常多照顧者，有媳婦、有女兒、有本國看護、有外籍看護。當然，也有兒子。兒子做為照顧者，印象中比例不高，但是當看到病人的主要照顧者是兒子的時候，總是讓我有一種奇特的感受。是因為比較少見嗎？還是在兒子的身上、表情之中看到一種什麼樣的特質，讓我有這種感覺？

我一直無法真正明白。直到父親生病，我變成照顧者之後，我對於「兒子照顧」才更了解一些，只是這代價太高了。

我的父親在民國三十八年跟著國軍撤退來台，當年他才十七歲。老來得子，在五十一歲的時候生下了我。我是家裡的獨生子，可以說我成長的過程，就是一路看著父親老化的過程。我爸從年輕的時候就熱愛健走，每天早起運動從不間斷，身體一直很硬朗。「你跟你媽老是感冒，身體太差，要多鍛鍊！」他總是這樣念我跟媽。他沒有高血壓，沒有糖尿病，沒有心臟病，我一直覺得他會快樂活到一百歲。

二〇一三年，父親八十一歲，我三十歲。一天清晨，他無預警地在家裡跌倒，重摔到地上。到了醫院檢查，是腦出血。「他年紀大了，不適合開刀，只能觀察。」急診室的醫生說。從那一天起，我從一個兒子的身分，新增了一個從來沒有經驗的身分：照顧者。

父親開始住院觀察以及後續的復健治療，當然，旁邊要有一個人陪伴照顧他。因為我白天要工作，所以六十一歲的媽媽成為了爸的主要照顧者。我記得，我白天上班，下班後就去買晚餐帶到醫院一起吃，之後我留在醫院，讓媽媽回家盥洗休息，深夜時分，媽媽再回到醫院來換我。就這樣在醫院輾轉流連的辛苦日子，過了半年。

我很感謝媽媽，她擔負了大部分照顧父親的工作，所以我的角色跟這本「兒子照顧」書中提到的狀況略有不同。但是，即便我只是照顧父親的「二把手」，我卻在那段時間深刻體會到，自己身為兒子在照顧上的困難之處。

雖然沒有開刀，父親腦中的血塊幸運地漸漸吸收了，但卻留下兩個後遺症：失能與失智。他的雙腳無力無法站立、行走，更別說是爬樓梯，或是走到廁所了。他的腦部退化的速度也開始加快，說過的話很快就忘了，有時還會有一些異常的舉動。

二〇一三年六月，父親跌倒一個月後，仍住在醫院做復健。有一天晚上，我在醫院陪父親過夜。看著牆上的時鐘指針不停地走，十點、十一點、十二點，但爸都沒有想要睡覺的感覺，眼睛瞪得老大，看著天花板。

「爸，睡覺了，很晚了。」我幫他整理一下被子，希望他趕快睡覺。

「要胡了。」爸突然拉高聲音說。

我有點納悶，怎麼精神這麼好？便問他：「胡什麼？」

「胡牌啊！我聽一四筒。」原來他在打牌。因為失智引發的幻覺又出現了。

正想再勸他，沒想到他突然坐起身，右手舉起來在身體前面約二十公分的地方，開始比劃圈圈，一直劃圈，停不下來。

我真的很想睡覺，明天還要上班。「爸，你在做什麼？」

「摸牌啊！」他神色自若地回答，彷彿摸牌在這個時空是最應該做的事。

「不要打牌了，明天再打，好不好？」他不理我，還是繼續摸牌。

我有點火大了，抓住他的手，想要大聲但卻又怕吵到隔壁的病人，提高音調對爸說：「爸！睡覺了！現在很晚了你知不知道！」我硬把他的手塞到棉被裡，把被子蓋好。

才過了一分鐘，爸又爬起來了，右手又開始在空中比劃圈圈。

我真的很生氣，但卻也不知道對誰生氣。我已經很累了，明天還要上班，但爸卻不睡覺，這樣我明天怎麼上班？我不知道該怎麼做，沒有人教過我如何面對這樣的行為和舉動，我非常無助。

最後，我坐在陪客床上，看著右手不停擺動的父親，眼淚不爭氣地掉下來。「為什麼爸會變成這個樣子？他不是我的榜樣嗎？從小教我如何做人處事的那個人，到哪裡去了？」

不知過了多久，爸才願意躺下入睡。

那段時間，我體會到「兒子照顧」的幾個最難的地方：身體的疲憊、對於照顧技巧的挫折感，還有，心理的煎熬。

首先，是身體的疲憊。

對於一個工作者來說，白天工作，晚上休息，是熟悉不過的循環。照顧這件事一旦加進來，變成白天工作，晚上仍然不能休息，自己的體力不知不覺中變得很差，開會總是無法專心，處理文件也變得沒有效率，甚至影響到隔天的工作。

其次，是對於照顧技巧的不熟稔帶來的挫折。

儘管我是醫師，但是就跟一般人一樣，在家人生病之前幾乎沒有照顧的經驗，一夕之間變成照顧者，所有事情都必須從頭學起：倒水、餵食、擦澡、翻身、倒尿袋、換尿布……都是我不習慣做的事情。不習慣、做不好，在照顧初期帶來很大的挫折感。

而最難熬的，是心理的壓力與煎熬。

心理的壓力更勝過身體的負荷，因為「不知道這樣的日子要持續到什麼時候」、

「父親的病會好嗎」、「我都沒有時間處理公司未完成的工作怎麼辦」……像這樣的念頭，會一直盤旋在心裡頭，不自覺，人就變得悶悶的。

更令人不知所措的，是自己從小跟父親就不太會表達對於對方的感情，男人之間的情感，總是很含蓄。因此在爸生病之後，就更不知要怎麼找機會說出那些很重要的話，像是「爸，謝謝您」、「我愛您」、「對不起，之前忙於工作，沒有找機會多陪陪您」，不知不覺中，也許這樣的黃金時機就錯過了。

照顧本身就很辛苦而困難，而「兒子照顧」更是有它的獨特之處。身為一個有照顧經驗的兒子，很高興在這個時候看到這本書出現。作者從日本「兒子照顧」的現況談起，談到照顧者與自己、妻子和其他手足的關係，談到照顧者如何在照顧的脈絡下兼顧工作，更談到男性身為照顧者面臨的難題。不同面向的深刻梳理，讓每個讀者可以了解男性身為一個照顧者，會遇到哪些問題、哪些挫折，而其他的家人、朋友甚至社會更可以知道，如何來幫忙那些陷在照顧漩渦裡的「兒子」們。

而台灣，因為老化的速度實在太快了，未來「兒子照顧」的狀況將會越來越多。而像我一樣的「兒子」們，有一天都要面對父母老去、甚至是照顧責任的事實。我們準備好了嗎？

二〇一七年底，父親過世，而我的兒子出生了。有時候看著兒子可愛的臉龐，會想到「有一天我老了，我兒子也要照顧我嗎？」的問題。我想等他再長大一點，我會帶他一起讀讀這本書。

誠摯向大家推薦。

序言

你是否聽過「兒子照顧」這個詞呢？

如果是「媳婦照顧」，或許很多人一聽就能理解，不需要解釋也明白是由媳婦照顧公公和婆婆。

而「老老照顧」這個詞最近常常出現，意思是照顧者是高齡人士、被照顧者也是高齡人士。高齡者照顧高齡者，通常出現在膝下無子或孩子離家後只有夫妻兩人生活的家庭。

那麼，「兒子照顧」又是什麼情形呢？

就像「媳婦照顧」是由媳婦照顧公婆、「老老照顧」是由高齡者互相照顧，「兒子照顧」的主詞是兒子，換句話說，就是由兒子照顧父母親。

大多數人平常應該很少聽到這個詞吧？頂多是在閒聊時會談到「好像有那樣的男人」。

不過，這個詞彙也許很快就不再這麼陌生了。因為「兒子照顧」的情形的確正在增加，可以確定的是，未來也會越來越多。

有人會問，為什麼這樣的情形會逐漸增加呢？其實這是可以預期的，在不久的將來，只是「曾經聽說過」的「兒子照顧」，肯定會成為每個人切身的問題。對男性而言，別說是切身的問題了，或許自己就會變成那名當事人；環顧身邊親戚、公司同事或附近鄰居，其中某個男人變成「兒子照顧者」的日子，或許為期不遠。

手握本書的各位當中，有些人或許已經有那種預感了吧？

也許身為男性的你會說：「我可還不知道自己會不會去照顧父母。」儘管現在還無法想像自己照顧老爸或老媽的情形，但可以確定的是，有一天你將無法再說出這種話——我指的就是像這樣，心中已經隱約有所感的人。

不過，要是身為女性，和兒子照顧這件事就沒有關係嗎？當然不，因為妳的丈夫或兄弟也可能會成為兒子照顧者。如果真是那樣的話，妳和丈夫之間的關係會變得如何呢？或者妳的兄弟成為父母的照顧者之後，妳又將如何參與其中？

對於有兒子的父母來說，兒子照顧理應也是切身的問題。儘管不想給兒子添麻煩，但是不可能完全不必靠兒子照料。可是，如果讓兒子來照顧自己，那孩子究竟會變成什麼樣呢……？懷抱這種慈愛的父母應該也不在少數吧？

這本書也是為那樣的父母而寫的——也許你已經忍不住開始在意這件事，但是對於兒子照顧這個問題，也僅止於「在意」而已。希望為人父母的你藉這個機會，把它當做「自己的問題」來思考。

這本書記錄的，是我與二十八位目前正在照顧父母的「現役」兒子照顧者面對面訪談的內容。

自己成為照顧者後，與妻子或手足之間的關係變得如何？

怎麼面對做不慣的家事，以及如何照顧父母？

工作如何處理？

與同事或朋友的交際，會出現什麼樣的變化？

我圍繞著這方面的主題，請教他們的經驗，再根據訪談的內容，試著從各種角度思考「所謂的兒子照顧究竟是什麼」，最終完成了這本書。

當然，每個兒子都不一樣，這二十八位兒子照顧者也截然不同。家庭成員、工作型態、是否與父母同住等情況各不相同，就算有一些共通之處，每個人的經歷也會略有差異。

看到各式各樣的兒子照顧者後，你的內心對他們的各種投入方式、想法和感覺，可能會感到認同或反對，諸如「嗯，我知道了，我家也一定要這樣做」、「不，就連我這樣的人也不會那麼做」等等。

然後，你會開始在不知不覺中思考，自己或是家人一旦成為兒子照顧者，是否也會變成這樣？到時候，你也會像原本只是聽說過的「某人」那樣，面對成為兒子照顧者的問題。

那麼，「換成是你，該怎麼做？」

讀到這裡，或許有人會認為：「我還是覺得這本書好像跟我沒關係。」

如果你是已經在當兒子照顧者，或是身邊有這種「兒子」的人，此刻心中想的可能是「這本書看起來像是寫給對於兒子照顧完全沒概念的人」，接著或許就打算把剛拿起來的書放回架上吧。

但是希望你再等一下。的確，這本書講述的是「所謂的兒子照顧的經驗」，可是，這真的只是給完全沒概念的人看的、毫無意義的資訊嗎？

不，沒有那回事。

出現在本書中的兒子照顧者以及他們周遭的人們，都有和你一樣的經驗。了解有類似境遇的他們所經歷的一切，一定會讓你有所領悟，明白「不是只有自己在面對」，知道「原來別人家有那樣的情況」。

事實上，「我很想聽聽別人的故事」，應該也是許多有照顧經驗的兒子的心聲吧？舉例來說，我所訪談的兒子照顧者之中，也有好幾個人表示「我很想知道其他人是怎樣照顧的」、「我不是想要你教我怎麼做，我只想知道其他兒子是怎麼樣照顧父母」。

既然這樣，辦個聚會讓兒子照顧者出來聚聚也是一個方法；但是想必有些人單單照顧都忙不過來了，根本無法出門。

這時候，就算沒打到照面，但透過這本書，在家就能「聽聞」跟自己有相同處境的夥伴們的經歷，不是也很好嗎？

我相信，在這本講述「兒子照顧經驗」的書中，一定會有讓已經知道兒子照顧的你收穫良多的內容。

對了，其實這本書背後還有一個主題，那就是男人心的心理學。特別是針對人際關係進行分析，探究男性不為人知的一面。

閱讀這本有關兒子照顧的書時，你應該會發現內容也適用於照顧以外的事。沒錯，本書一定有很多身為男性的你跟其他人互動時，或是一群男人聚在一起聊天時，不由得產生共鳴的地方。

像是丈夫和妻子對彼此的期待和分歧。

長期以來對手足複雜的心思與競爭。

職場上「正確」的應對及個中的苦悶。

在一起很開心，卻什麼也不能透露的朋友關係。

而男人們所謂的共鳴，與其說是在面臨兒子照顧時產生的體會，不如說是在面對兒子照顧之後才有的領悟。

為什麼這麼說呢？說穿了，就是因為照顧父母是「女人的工作」。實質上照顧父母的，目前還是以女性居多。畢竟，「兒子照顧」這個詞彙的誕生，就一語道破由身為男性的兒子來做這件事有多麼「特殊」。

要不是因為出現了兒子不得不去做「女人的工作」的「異常情況」，男人們人際關係的裂縫及危險還真難被察覺（又或是雖然察覺卻視若無睹）。

換句話說，這本有關兒子照顧的書，不僅談照顧，針對兒子／男性也多有著墨。

這本書之所以也探討男性的人際關係，其實和我的背景有關。

話說回來，我還沒自我介紹——事實上，我不是照顧或社會福利的專家。或許有人會感到意外，那我怎麼會寫有關照顧的書呢？因為我其實是社會心理學的研究者，研究領域正是男性的人際關係。

「男人為什麼這麼愛在人前求表現？」、「男人為何淨說那樣的話，他真的想做嗎？」，將諸如此類的謎題連結到每位男性所處的狀況、社會結構和潛規則等進一步解讀，就是我的專長所在。

在這樣的背景下，我所寫的內容當然會切入以人際關係為主的男人心（或是兒子的心）。

這本書是有關照顧議題的新書，對於照顧第一線的問題或是照顧的專業知識也多有著墨，就這一點來看，算是頗為特殊的照顧書籍。

但是，從另一個角度來說，把重點放在照顧者與周遭人際關係的書，以前可說是少之又少。何況任誰都會有一些人際關係的煩惱或困擾，正因為這是一本從這樣的切身問題切入談照顧的書，所以我相信一定會讓每一位讀者產生設身處地的共鳴。

本書共由五章構成。

在第一章中，為了回答「目前有多少正在照顧父母的兒子？」、「為什麼這樣的情形越來越多？」等疑問，我先整理了所謂「兒子照顧的基礎知識」。另外，我也稍微談了一下這本書的「後台」，也就是分享如何訪談不同類型的兒子照顧者。但是，如果你認為「這些內容就不必了，我只想快一點讀兒子實際擔任照顧者的故事」，那麼直接跳過本章內容也沒關係（不過，讀了這一章的讀者一定會很開心）。

第二章和第三章中，我分別談及「兒子照顧者與妻子的關係」和「兒子照顧者與手足的關係」。妻子或手足對兒子照顧者來說，是「也許可以代替自己看顧父母的人」，我根據兒子照顧者對這些人的想法，以及他們彼此的關係，將訪談結果整理成這兩章。

第四章主要著眼於兒子照顧者本身如何看待「兒子照顧」這件事。自己的家事技能、照顧母親和照顧父親不同的困難，還有對身為照顧者的自己來說工作的意義是什麼……。針對這些議題，如果能試著傾聽兒子照顧者的心聲，一定能發現除了「很難由男人照顧」之外的各種看法。

第五章的內容，則是把焦點移到家人以外的人際關係。具體來說，譬如與職場的同事或主管、老朋友、附近鄰居的關係。談到照顧雙親，一般人只會把焦點擺在家人之間的關係，但是在兒子照顧者的生活中，家人以外的人有時候也扮演重要角色。男人在與人相處時之所以能輕易表現出共鳴，也是因為有這些關係存在。我先自己招供，其實整本書裡我寫得最用心的就是這一章。

如果能以這本書為契機，使更多人針對兒子照顧表達「自身的看法」，而且能針對彼此的看法互相討論，我想那會是非常棒的一件事。

想要解決持續增加的兒子照顧問題，需要的不只是一部分專家的意見。最重要的是我們的關心，以及我們每一個人「自己的想法」。

【提醒您！寫給身居照顧和社福第一線的人員與學者】（※其他人跳過沒關係）

關於兒子照顧，相信參與其中的各位專家都很清楚，至少在日本，兒子照顧者大多被當做「問題照顧者」談論。說得更具體一點，他們被認為會虐待需要照顧的父母，是高風險的家庭照顧者。事實上，根據日本厚生勞動省的最新調查[1]，虐待加害人有四成是兒子。

但是，我在這本書中並沒有把兒子照顧者當做「問題照顧者」處理（這是因為我所訪談的兒子照顧者，並不是會被列入所謂「棘手案例」的人物）。

我之所以採取這樣的立場，是因為我開始察覺到，把兒子照顧和虐待緊密連結可能造成問題。

當然，包括虐待在內，把焦點擺在兒子照顧的負面部分，有助於深入認識兒子照顧者可能直接面對的困難。

但是另一方面，也產生了一提到兒子照顧者，大家馬上懷疑是否有虐待情況的「偏見」。

在我所訪談的兒子照顧者當中，也有人抱怨「一旦知道我這個當兒子的在照顧爸媽，就有人會對我擺出一副指導者的姿態，讓我很不自在」。正因如此，有些人不願告訴周遭的人自己正在照顧父母。

換句話說，「兒子照顧者等同於有問題的照顧者」，這樣的負面印象很可能引起惡性循環。兒子照顧者如果因害怕偏見而躲避，將會孤立自己，然而正是因為處在那種孤立的狀態，才會產生虐待。如果平時只有自己和被照顧者兩個人，在與外界隔絕的狀態下，照顧時形成的不滿和鬱悶日積月累，最終會把矛頭指向近在眼前的被照顧者。

然而，提出兒子照顧者虐待風險主張的學者們，也未必說過所有的兒子照顧者都會成為施虐者。

---

1 平成二十三（二〇一〇）年度，依據防止虐待高齡者、支援高齡者之照顧者等相關法律採取應對措施的相關調查結果。

比方說，社會學家春日希壽代教授曾分析兒子照顧者陷入虐待關係的機制。她在以跟父母同住的單身兒子為研究對象的論文中，寫道「我必須先強調的是，事實上，即使處於相同境遇，不會陷入虐待關係的人還是佔絕大多數」[2]。

換句話說，我想提醒大家，陷入虐待關係的原因不會是因為單身、因為住在一起，更不會因為是兒子的緣故。

我們必須做的，是像春日教授那樣，致力於分析兒子**在什麼樣的條件下**容易施虐。但是進行觀察時，如果預設了「**不論什麼樣的兒子**都會施虐」的「立場」，也就很難看清楚前面所說的條件吧。

已經習慣以「兒子照顧者等同於有問題的照顧者」為前提的專家，看到我筆下的兒子照顧者，恐怕會困惑地想：「這真的是兒子照顧嗎？」但是本書中採訪的兒子，可都是貨真價實的兒子照顧者。

總而言之，兒子照顧的面向並不是單一的，其中包含了很多變化。

如果我們必須針對兒子照顧做廣義的假設——諸如「兒子照顧者容易施虐」之類，那也應該在評估過如此多樣的兒子照顧現況後再說。何況我們還會持續碰到可能讓你心想：「這也算是兒子照顧？」的情況，這意味著我們還沒有達到可以廣泛定義「兒子照顧的形式」的階段。

2 春日希壽代，〈需求為何潛在化——高齡者虐待問題和大幅增加的「兒子」加害人〉，收錄於上野千鶴子、中西正司編，《邁向以需求為主的福利社會——當事人主導的下個世代福利策略》，醫學書院，二〇〇八年，頁一〇八。

目次

第2章　照顧父母這件事與「妻子」的關係
——當已婚的兒子成為照顧者

第3章

「為什麼不是手足，而是自己……」——關於照顧責任的理論和回應

(二) 姊妹：跟出嫁姊妹之間的互動

第4章 兒子照顧者的「照顧方法」及觀點
——身為男性的難處與希望

(二) 照顧母親的男人心

(三) 對父親的期待與對母親的期待

(四)「最低照顧」的優點與缺點

第5章 家庭以外的網絡

——兒子在家庭外「當照顧者」

(二) 照顧父母和朋友關係

第1章

兒子照顧的「現況」

從統計資料可以看出的趨勢，
和只看統計資料無法理解的經驗

本章將根據統計數據以及其他資料，溫習一下兒子照顧的「現況」。

在那之前，我想先簡單談一下，本書如何定義「兒子照顧」。

我在書中為兒子照顧下的定義，是「實質上最常照料需要照顧的父母的人是兒子」。聽起來或許有一點拗口，簡而言之，就是指在家人當中，兒子最常「動手」照顧父母。

所以，表面上是男性「在家照顧父母」，但實質上是由他的妻子照顧的情形，便不包含在本書的兒子照顧範圍中。

「照顧父母」這件事正在變遷——媳婦照顧減少，親生孩子照顧增加

說起來，現在的日本，有多少真正由兒子照顧的案例呢？

單就「一同居住」的案例來說，需要被照顧的高齡者中，主要由兒子照顧的比例大約佔百分之十二。

舉例來說，根據日本厚生勞動省二〇一〇年的〈國民生活基礎調查〉顯示，一同居住且照顧時間「幾乎是一整天」的主要照顧者當中，兒子所佔的比例是百分之十二．〇。

那麼，你是如何看待這百分之十二的比例呢？感覺很少嗎？還是多到出乎你的意料呢？

順便一提，同一份〈國民生活基礎調查〉資料中，一同居住的主要照顧者依親屬別所佔的比例，分別是妻子百分之三十六．八、丈夫百分之十四．三、女兒百分之十五．六、媳婦百分之十七．二，由此可見兒子屬於少數族群。

雖然以親屬關係區分比較，兒子只能算是少數族群，但是從歷史的角度來看，這個比例確實已經大幅增加。

在日本研究男性照顧的先驅津止正敏教授，彙集了包括政府統計在內的日本全國資料，整理出過去三十年來，各親屬在照顧者中所佔比例的變遷[3]。

根據這份資料，兒子為主要照顧者的案例，在一九七七年時僅有百分之二．四。但是一路到了二〇一〇年，經過這三十多年，兒子的比例成長了將近六倍。

而根據津止教授的統計，從一九七七年到二〇〇四年這段期間，女兒的比例持續微

3　津止正敏，〈第二章　數據資料顯示的男性照顧者〉，收錄於津止正敏、齋藤真緒著，《男性照顧者白皮書　對支援家庭照顧者的建言》，鴨川出版，二〇〇七年。

幅變遷，維持在百分之十五至二十之間。另外，媳婦的比例在一九七七年是百分之三十七．〇，但是到二〇〇四年則降為百分之二十三．三，顯示三十年來減少了近四成。

換句話說，扣除配偶照顧，媳婦照顧佔了「兩代間照顧」（兒女輩對父母輩的照顧）的過半數，雖然依舊屬於多數派，但是比例已經大幅減少，由親生孩子照顧的比重則是遽增。若不是「兒子照顧」大幅增加，很難想像會出現這股親生孩子照顧的潮流。

為什麼兒子的「中選必然率」提高了？

為什麼由兒子照顧的情形逐年增加？

首先，就人口統計學來說，孩子人數減少是背景因素之一。

按照比例來看，女兒扛起照顧責任的可能性比兒子高，但是隨著孩子的人數減少，越來越多家庭連一個女兒也沒有。如果只有男孩、甚至是獨生子的家庭，由兒子照顧父母的必然率相對變高。

晚婚、不婚的趨勢，也是造成兒子照顧增加的原因之一。

根據日本政府於二〇一三年出版的《少子化對策白皮書》，男性的終身未婚率是百分之二〇・一。換句話說，估計每五名男性中就有一名在五十歲前沒有結過一次婚（順便一提，女性的終身未婚率則是百分之一〇・六，大約是男性的一半）。

在這三十年之間，男性的終身未婚率增加了十倍，所以即使是「兩代間照顧」，事實上還是媳婦照顧佔多數；另一方面，沒有太太的兒子和還沒結婚就必須照顧父母的兒子人數遽增，也是不爭的事實。

單身兒子之所以增加，背後也有兒子的世代就業狀況不穩定這個因素在。

根據厚生勞動省統計[4]，在二〇一二年當時，非正式雇用勞工已經超過全體勞工的三分之一，其中包括很多四十歲和五十歲年齡層的飛特族。另外，如果聚焦在男性的話，五十四歲以下屬於非正式雇用者的男性（一四四萬人）當中，推測有超過半數——也就是九十一萬人（百分之六十三・二）——儘管想成為正式職員但卻苦無機會，不得已只好成為非正式雇用者。

在這種狀況下，兒子的經濟面很難獨立，因此也無法離開經濟能力相對較好的父母

4 厚生勞動省「非正式雇用的現況變得如何？」http://www.mhlw.go.jp/seisakunitsuite/bunya/koyou_roudou/part_haken/genjou/

身邊，就這樣以單身狀態邁入中年期的人不在少數。等到父母步入高齡，變得需要照顧時，住在一起的這個兒子（不論有沒有兄弟姊妹）幾乎就會自動成為照顧者。

單身且與父母同住的兒子，不論家事或日常生活，大多是受到父母照料。因此他們不僅沒有經濟能力，連生活能力也沒有機會學好，卻得就這樣扛起照顧父母的責任。

有妻子、有手足、跟父母分開住的話，照顧這件事便「與我無關」？

這樣看來，我認為有關兒子是否成為照顧者的變數，應該著眼於是否有手足（尤其是姊妹）、是否結婚，以及是否與父母住在一起。

事實上，看看過去統計分析的研究即可發現，兒子負責照料高齡父母的必然率之所以提高，與「有沒有配偶及姊妹」、「在手足當中與父母的物理距離是不是最近」等變數，幾乎是牽一髮而動全身。

那麼，有手足、已婚、沒有和父母住在一起的兒子，就不會成為照顧者嗎？才沒有那種事。前面所說的兒子負責照料父母的必然率提高的主要原因，並不是兒子成為照顧者的「決定性因素」，因為這終究是相對的。換句話說，某個兒子成為照顧者的可能性比其他兒子來得高，可以說是機率的問題。

比方說，就算兒子已婚（有太太），也有可能輪到兒子照顧。因為手足人數減少的狀況不只對男方，對女方也是一樣，所以就算兒子已婚，他的妻子對娘家的父母來說也可能是少數的子女、甚至是獨生女。如果是這樣，那麼儘管有「出嫁從夫」的傳統觀念，但把娘家的父母交給兄弟的妻子照顧，身為媳婦的自己則專心照顧公婆，這實際上是很難做到的。

此外，女性的意識如今也出現變化。追求個人職業生涯的女性持續增加；把照顧公婆視為義務、無條件接受的女性則正在減少。

況且，男方的父母或許也不願意讓媳婦照顧。因為在被問到「理想的照顧者」時，比起指名女兒或指名兒子，指名媳婦的高齡者人數越來越少。

應該問誰才對？——本書的訪談對象

因此，本書所訪談的兒子照顧者，並非全部符合前述的條件（未婚、無手足、與父母同住），反而是在「容易成為照顧者的前提下」較少出現的兒子照顧者——有兄弟姊妹的兒子、有妻子的兒子或是跟父母分開生活的兒子——才是我積極尋找的對象，並藉以研究他們的照顧經驗。

本書中記錄的兒子照顧實例，是根據二十八位男士的親身經歷寫成，他們回應了我的訪談，述說自己的居家照顧經驗。

不過，我已先排除與個人分析有直接關聯的部分，將幾個案例整合起來，此外，所有的人名都使用化名，讓大家無法辨認他們的身分或家庭。而這二十八位男士，都是透過在醫療機構或社會福利機構工作的朋友介紹的「主要負責照料高齡父母親的兒子」。

其中好幾位兒子照顧者是透過醫療機構認識的，他們的親人幾乎都被診斷為失智症。另外，當中有一位在訪談前，才剛剛把親人送進養護機構照顧，還有一位是在訪談時已經辦好入住安養機構的手續，不過，這次的訪談還是把重點放在他們居家照料父母時的經驗。

雖然「兒子是在什麼時候、怎麼決定將父母託給機構照顧」也是重要的主題，不過關於這部分，我想多聽聽做出這項決定的兒子們的心聲後，再重新評估。

如果是社會調查的報告，通常會一開始就公布調查對象的簡介，但是這終究是一本任何人都有機會看到的書，所以基於以下兩點而保留不公布。

首先，接受訪談的兒子照顧者都住在東京首都圈和近畿地方，年齡從三十幾歲到六十幾歲（訪談當時的年齡）不等，而且嚴格說來，算是偏都市地區的兒子照顧者。

誠如前面所述，每個案例我都加了一些改變，以避免被讀者辨認出身分。雖說兒子照顧者正在逐漸增加，但是人數還是有限，如果列出調查報告式的簡介，對象就有可能被鎖定，我希望能避免這種情況。

另外，儘管本書是根據兒子照顧者本身的經驗所寫成，但我希望讀者不要因此認定本書所說的就是兒子照顧的「本質」，或者適用於所有兒子照顧者身上。如前所述，我的訪談對象僅限某個地區的少數兒子照顧者，而且他們的親身經驗還是經我過濾後才發表的。兒子照顧的經驗林林總總，而本書只羅列其中的某些看法。

從下一章開始，我們終於要深入兒子照顧者的「社會」。

第二章到第五章的內容有漸次的關聯性，但各章討論的議題又都是獨立的，所以並不需要依序閱讀，想從有興趣的地方讀起也沒關係。不過，我想最終能把下面四章全部讀完的讀者，才能立體地望見環繞兒子照顧者的「社會」。

第2章

照顧父母這件事與「妻子」的關係

當已婚的兒子成為照顧者

本章將討論已婚的兒子照顧者，聽聽他們的心聲，特別針對他們和妻子如何分工、分哪些工，以及他們如何看待自己跟妻子的關係。

(一)「有丈夫看顧，妻子樂得輕鬆」——那可不一定

說到兒子照顧者，一般常常認為會是單身的兒子，但我之前認識的兒子照顧者大約半數都是已婚者。

這些已婚的兒子照顧者包括跟父母同住的以及分開住的，都是經由第三者（多半是幫他們父母治療的醫師，或是社工等其他照顧專業人員）介紹的「擔任主要照顧者的兒子」。

他們為什麼、又是如何成為父母的主要照顧者？這個問題也等同於「為什麼他們的妻子不需要承擔照顧工作？」。

我之所以這麼問，是因為妻子是最常被男性囑託「照顧父母」的對象之一。

妻子很難做到「袖手旁觀」

誠如前面曾經指出的，有沒有配偶會影響到兒子照顧的參與度。跟單身男性比起來，有妻子的男性對於照顧的參與度比較低，這跟社會調查數據的統計分析結果幾乎一致。

此外，表示自己「在家照顧父母」的已婚男性的確不少；話雖如此，實際上主要的照顧工作是由他們的妻子承擔的也不在少數。

那麼，只要兒子本身有承擔照顧責任的意思，妻子就不需要照顧了嗎？

不，問題才沒有那麼單純。因為對妻子來說，把照顧公婆的工作交給丈夫，或許不是那麼容易做得到的事。

舉例來說，「女人本來就要顧家」的「常識性」觀念，以及「媳婦怎麼可以完全不照顧公婆」的「世俗眼光」依然存在。若自己不動手，只是在旁邊看著丈夫照顧，妻子就得承受這些壓力，更不可能開心地說：「老公幫我做，真是幫了大忙。」

跟公婆住在一起時就更難取捨了。對妻子來說，同住一個屋簷下卻不幫忙照顧，只會造成心理上的壓力。

根據英國社會學家克萊．安格森的研究，距離的遠近對於女性無法照顧的罪惡感

（「明明住得這麼近，為什麼我卻什麼都沒做？」）有放大的作用[5]。需要照顧的高齡家人住在附近時，女性之所以很容易成為那個照顧者，不單純只是因為很近、很方便，而是因為那裡有吸引女性承擔照顧責任的「磁場」。

「看顧」父母的確實是丈夫，但是……

那麼，兒子照顧者的妻子都不需要照顧公婆嗎？

隨著訪談的進行，可以確定的是，妻子的參與（或許可以說是貢獻）絕對不會少，就某個角度來看，甚至可以說妻子在照顧上擔任不可或缺的角色。

的確，已結婚的兒子照顧者在家人當中，最常協助父母的日常生活活動（Activities of Daily Living 以下簡稱「ADL」）。

所謂的ADL是指吃飯、穿衣、更衣、盥洗、如廁和移動等，生活中必須做的基礎日常活動。

受訪的男性中，大部分父母的狀態在ADL量表中至少還有幾分，只是很難靠自己的力量完成（不過，也有幾位兒子的父母是完全做不到，另外也有一些受訪者父母的

ＡＤＬ幾乎沒有障礙）。

他們所面對的「困難」，不一定是來自於身體功能退化所導致的，也包含因為失去記憶、不知道行動步驟或如何安排而造成的「困難」。

舉例來說，接過衣物雖然可以自己穿，但是不知道該依照什麼順序或是怎麼穿才好；不幫他放好洗澡水，自己不會去泡澡；不把抹好肥皂的毛巾交給他，他就不會開始搓洗身體；不帶他去廁所，他就會在其他地方解決等等。

兒子照顧者表示，為了讓父母能夠做好這些事，自己多半會跟在身邊，在家裡，這就是他的工作。

此外，受訪的兒子照顧者中，有許多位父母都被診斷出罹患失智症。其中有些父母儘管ＡＤＬ沒有障礙（就是因為沒有障礙），但是一離開視線就會做出平常不會做的行為，甚至包括危險動作（譬如拿空鍋去加熱），或是獨自出門不知去向。在必須隨時看顧父母親的情況下，家人當中最能撥出時間的也是這些兒子。

---

5 Ungerson, C. (1987). Policy is personal: Sex, gender, and informal care. London, England: Tavistock.（克萊・安格森著，平岡公一、平岡佐智子譯，《性別與家人照顧　政府政策與個人生活》，光生館，一九九九年。）

因此，就「誰最常協助父母的ＡＤＬ」或「誰最常看顧父母的行動」這幾點來看，這些兒子照顧者確實是「主要照顧者」。而且在這方面，兒子照顧者有沒有配偶並沒有什麼差異。

妻子「就算不照顧父母也要照顧家庭」

已婚兒子照顧者和單身兒子照顧者最大的不同在於：由誰來做兒子自己必須做的家事。

如果是單身，家事就不得不全部自己來，但是已婚的話，譬如洗自己穿的衣物和準備每日三餐等，自己必須做的家事通常都由妻子來做。

至少在我所訪談的兒子照顧者當中，已婚而且自己承擔所有需要做的家事的，僅限於跟妻子「分開居住」的——為了照顧父母而「單身赴職」住到父母家的兒子，或是因為照顧父母而和妻子起爭執、正「在家分居」的兒子等。

此外，兒子照顧者如果是夫妻跟公婆同住的話，妻子不只要做丈夫（兒子照顧者）的家事，還得幫忙做完連同公婆在內所有同住家人的家事，包括洗全家人的衣物、打掃房子、準備所有人的飯菜並收拾善後。

如果是分開住，那麼兒子自己必須去父母家，幫爸媽做好最起碼該做的家事。舉例來說，某位兒子照顧者每天都得去母親家，自己一個人做完母親家裡的所有家事，包括準備飯菜。據說是因為他的母親很排斥讓其他人到家裡幫忙。

但是，像這樣每天往返父母家的兒子照顧者，回到家後仍然是家事主要操持者的案例，我目前還沒遇見過。

除此之外，跟父母分開住的兒子照顧者，他們的妻子也會遠距離幫忙公婆家的家事，因為丈夫（兒子照顧者）會把父母家的家事帶回來。

比方說，兒子經常把父母的衣服帶回家由妻子洗濯。另外，父母的飯菜如果是在自己家裡煮好、裝成便當帶過去的話，這個便當多半是妻子在做自己和丈夫的飯菜時一起準備的。

「已婚的兒子照顧者」是特殊角色

也就是說，已婚的兒子一旦成為父母的主要照顧者，通常都會把「做家事」和「照顧父母」分開。就這一點來看，所謂已婚的兒子照顧者，在家庭照顧者當中可說是很特殊的角色。

這是因為其他親屬關係的照顧者幾乎不會像這樣將家事分開處理。必須照顧家人的主要照顧者如果是女性，不論是妻子、女兒或媳婦，她們在面對被照顧者的必要家事和自己（以及自家）的必要家事時，通常都仍是主要動手做的那個人吧。

比方說，已婚的女兒必須回娘家照顧自己的父母，便把自家的家事全部交給丈夫，自己只專心照顧父母——像這樣的家庭能有多少呢？

當然，有些丈夫會幫忙做家事。但是，由丈夫負責做完所有家事，妻子在娘家照顧好父母，回家後什麼事都不用做的可能性，就算不是完全沒有，也是微乎其微。

此外，像女婿遠距離幫岳父母做家事，這種情形也很難想像。譬如丈夫每天煮好岳父母的飯菜讓妻子送過去；或是妻子把父母的洗滌衣物帶回家，由丈夫洗好之後再讓妻子拿回去，像這樣的家庭，能有多少？若是女兒往返照顧父母親，她們多半會自己準備飯菜帶去，就算把洗滌衣物帶回家，不也是自己洗嗎（或許有些丈夫會幫忙）？

同為「男性照顧者」，常常和「兒子照顧者」歸為一類的「丈夫照顧者」，則往往很難把照顧和家事分開。我們都知道，一旦丈夫成為妻子的主要照顧者，包括孩子（尤其是女兒）在內的家人都會積極支援，但即使如此，也很難把家事全部交給別人做。

畢竟「丈夫照顧者」之所以越來越多，就是因為家中只有高齡夫妻的家庭增加了。在只有夫妻兩人的家中，若是一手包辦家事的妻子倒下，那全家的家事責任便會「移轉」到丈夫身上。

其中或許有些丈夫會說：「不，我女兒每天都來，不但幫我掃地、洗衣服、準備飯菜，而且白天也都是她在照顧內人。」但若是這樣，丈夫是否還稱得上是主要照顧者？個中定義將變得不明確。

「兒子等同主要照顧者」——沒有妻子的付出，這一點就無法成立

誠如一開始所述，包含已婚的兒子照顧者在內，我所訪談的兒子照顧者，全部都是經過第三者認定的父母主要照顧者。有沒有妻子的確影響到他們參與家事的程度多寡，但是不論單身也好，結婚也罷，既然他們同樣被認定為主要照顧者，那麼從這一點便可以知道，所謂的主要照顧者一般是如何定義的。

大致來說，被視為主要照顧者的前提，就是「在家人當中，對於剛開始需要照顧的高齡者付出最多的人」。換句話說，在認定誰是主要照顧者時，不是考量能幫高齡者做的「所有照顧」，而是考量多出來的那些照顧工作。

比方說，跟父母同住的兒子照顧者是家人中最常協助父母ADL的人，但這些照料工作都是在父母開始需要照顧之前他們不必做的；和父母分開住的兒子照顧者除了協助父母，還得負責父母家中的家事，但這些家事也是還不需要接受照顧之前父母可以自己做的事，換句話說，這些都是父母變得需要照顧之後才必須有人做的事。

但是，與父母同住的兒子照顧者的妻子，從公婆開始需要照顧之前，就已經在幫包括公婆在內的全部家人做家事了。所以，就算這些家事是公婆生活上必須做的，只要是由妻子負責，兒子就不能被視為主要照顧者。

反過來說，即使兒子完全不參與自家的家事，但當父母剛開始需要照顧時（包括ADL的協助和看顧，分開住的話還有父母家的家事），若在家人當中他是付出最多的人，就可以被視為主要照顧者。

另一方面，說穿了，若沒有妻子來做這些家事，兒子照顧本身也無法成立。舉例來說，兒子為了協助很難自己獨立用餐的父母吃飯，當然就需要已經烹調好的飯菜；或者兒子想幫難以自行更衣的父母著裝，也必須事先準備已經洗乾淨的衣物才行。

與父母分開住的兒子，或許可以自己在父母家做完這些家事，但是為了讓照顧工作順利進行，兒子也必須做自家的家事。因為自己家裡的家事，也是身為主要照顧者的兒子每天生活中必須做的事。

仰賴妻子承擔「照顧基礎」的案例非常多

換句話說，與父母分開住的兒子照顧者之所以能夠發揮主要照顧者的功能，是因為主要由他們的妻子操持自己家中的家事，這可說是不可欠缺的「照顧基礎」。然而，不論兒子照顧者是跟父母同住或是分開住，這個「照顧基礎」都是由妻子促成的。就像前面說的「就某個角度來看，甚至可以說妻子在照顧上擔任不可或缺的角色」，原因就在這裡。

以上這段是為了避免讀者造成誤解而加入的。不過話說回來，當個已婚的兒子照顧者絕非輕鬆的事。單單只是陪在父母身邊協助移動、用餐、更衣或上廁所等，就要付出相當多的勞力，再加上父母如果是失智症病人，有時候還會做出讓兒子無法理解的抗拒行為。

有些兒子照顧者怕父母做出危險行為或漫無目的遊蕩，所以日夜守在父母身邊，結果卻是讓自己身心俱疲。據說也有人因為擔心父母半夜跑出家門而隨時提高警覺，幾乎是聽到一點聲音就跳起身，因此變得神經過敏而導致持續失眠。

當然，不是所有的兒子照顧者都會陷入這種狀態，但是一邊承擔照顧工作，一邊還承受著身體和精神負擔的兒子照顧者也不在少數。

所以，這項考察並不是為了「測量」已婚的兒子照顧者所承擔的重量。我在此想強調的重點是：在夫妻分工的情況下，需要照顧者的親生孩子（兒子）負責協助ＡＤＬ或看顧父母這些所謂的「照顧」，而他的配偶（兒子的妻子）則承擔構成「照顧基礎」的自家家事，但基於主要照顧者的定義，妻子並不被視為主要照顧者，所以我要在此再一次肯定她們的付出。

(二) 兒子照顧者及其「夫妻情況」

兒子照顧者的妻子大部分都承擔著「照顧基礎」，以支撐丈夫的照顧工作。那麼，對於自己的妻子在照顧方面的貢獻，兒子照顧者本身又是怎麼看待的呢？

妻子能幫忙自己到什麼程度？兒子照顧者對這一點的看法不一，也是理所當然的。我所訪談的已婚兒子照顧者，對於妻子和妻子的貢獻度看法不盡相同，我認為至少可以分成四個群組。

另外，如何評估妻子的貢獻度，和妻子實際上完成哪些工作其實沒有絕對的關係。就算妻子做的事情實質上是一樣的，這些丈夫的看法（特別是滿意程度）也不會一樣。

第一組：與父母同住、「失去」妻子的兒子們

第一組兒子面臨的狀況是，妻子的協助意願不如預期來得高，他們對於這一點感到不滿。

只要詢問這一組的兒子照顧者，他們都會說妻子幾乎不幫忙協助父母的ＡＤＬ等照顧工作。無法仰賴妻子，也是他們成為父母主要照顧者的最大原因。

這些兒子照顧者全部都跟父母同住。他們原本就抱著願意且必須照顧父母的心情，因此結婚後也與父母住在一起。

但是，和公婆一起生活卻讓妻子倍感壓力，導致妻子不是健康狀況出問題、甚至病倒，就是跟丈夫及公婆漸行漸遠，最後變成完全不參與照顧。

雖然丈夫嘴巴上說：「已經沒辦法依靠妻子了。」實際上卻完全無法接受這個事實。舉例來說，有一位兒子照顧者的太太因為身體出狀況而「自前線撤退」，但他還是一直向妻子表示希望她能多幫忙，最後無法如願，他只能自我安慰「老婆的身體不再健康，不能幫忙也是沒辦法的事」，才讓自己死心。

像待田先生（五十多歲）的妻子不管對他或是對公婆都一樣漠不關心：「我想既然太太是這個樣子，那事情也只能自己做了。」於是他成了兒子照顧者，母親驟逝之後，也自然接下照顧父親的棒子。

十多年前，待田先生開始在意年邁雙親的狀況，於是和妻子一起搬回老家。當時妻子不太想與公婆同住，但是他認為一起生活後應該漸漸就能相處融洽，所以堅持要搬家。

結果妻子和雙親的距離不但沒有因此縮短，還反過來全心投入自己的事業，不在家的時間也越來越長。「我以為每一家的媳婦和公婆之間都是這樣」，因此待田先生也沒有太過擔心，然而妻子心裡似乎很記恨他硬要搬來與父母同住這件事，所以即使後來父親開始需要照顧、母親因為照顧父親而累倒，她還是一副事不關己的態度。

待田先生表示，不管遇到再怎麼緊急的情況，妻子都堅持「你爸媽的事，你自己看著辦」，他也擺明未來不打算靠妻子分擔照顧父親的工作。即使如此，他還是不斷向妻子抗議：「既然住在同一個屋簷下，（爸爸的事）稍微用一點心，不是人之常情嗎？」會有這種心態，是因為他無法擺脫「其實妻子應該參與照顧」、「希望妻子參與照顧」的心情。

待田先生的妻子雖然自始至終不曾參與照顧公婆，但是這類兒子照顧者的妻子多數還是會承擔家事。換句話說，儘管不協助ＡＤＬ或隨時看顧等直接照顧公婆的事，大部分的妻子還是會幫同住的所有家人準備飯菜或洗衣服，這當中自然包含身為兒子照顧者的丈夫以及同住的公婆。光就這一點來看，她們確實仍幫了丈夫許多忙。

如此說來，他們「期待妻子能幫助自己」的想法不一定是正確的。因為他們期待的，是有人幫忙分擔目前幾乎是自己獨力協助和看顧父母的情況。所以就算妻子已經透過承擔家事這項「照顧基礎」來協助自己（和父母），他們還是不死心地希望妻子「能多幫我一些」。

他們對妻子的期待，說得更正確一點，就是「媳婦角色」。他們之所以要妻子與父母住在一起，依然是基於兒子（尤其是長子）要與父母同住，而且實質上由妻子看顧父母的傳統觀念，打算讓妻子負起照顧責任，不是嗎？

然而，實際上卻發生了無法依靠妻子的意外情況，使得整個照顧計畫受挫。這組兒子之所以成為兒子照顧者，事實上是因為「失去」了可以幫他們承擔照顧（包括家事在內）的妻子角色——媳婦。

第二組：在一個屋簷下，「跟妻子一體同心」

第二組兒子照顧者的妻子，則是默默接受並分擔照顧工作，就像她們平常操持家務一樣，而且也沒有表達對照顧這件事的不滿，所以丈夫認為並沒有值得一提的事。

這一組的兒子照顧者和前一組相同，因為原本就打算照料老年退休的父母，所以夫妻一直都和父母同住。他們想與父母住在一起、照顧對方的意願很強烈，其中還有兒子表示：「不住在一起就不能說是照顧父母。」

和前一組兒子照顧者（與父母同住但不滿妻子分擔的程度）的相異之處在於，他們的妻子不僅要做自家的家事，在協助ADL或看顧父母等照顧工作上也有所貢獻。

當然，他們仍是經由第三者認定的「主要照顧者」，只要了解他們一整天的生活型態，就會知道他們的確是每天跟父母接觸時間最長的人。

比方說，白天如果要工作，他們就把父母送到日間照顧中心，傍晚則盡可能提早回家，直到父母就寢為止的時間，主要的照料者都是兒子。父母在家裡用餐、更衣或上廁所需要協助的話，也幾乎全都是兒子跟在身邊幫忙。

可是，妻子也提供了相當程度的協助。譬如兒子雖然盡可能一下班就趕回家，但是父母說不定比他早一步從日間照顧中心離開。父母回到家中後，在兒子回來之前，負責照料的人就是妻子。如果兒子因為加班晚歸，那麼不必兒子交代，妻子自然會代替他看顧父母，要是沒有妻子，就沒辦法這樣變通。

此外，在照顧父母的工作中，也有一些只有妻子才能做到的事。

比方說，兒子上班時間很早，那麼代替丈夫餵父母吃早上的藥、幫他們打理儀容、送他們去日照中心的人，主要就都是妻子。此外，還要考量到自家的家事幾乎全是妻子一手包辦，因此妻子扮演的角色可說是實質上的「共同主要照顧者」。

說起來，這群兒子也不是不認同妻子的貢獻，但他們似乎不認為妻子是主要看顧者。說得更明白一點，在他們的認定中，自己和妻子是分不開的。

他們常用「夫妻一起看顧」、「在家看顧」的表達方式，對他們來說，自己和妻子是一體同心的照顧者。

事實上，要不是我更詳細追問，他們也不會個別說明夫妻倆分別做了哪些事，又做到什麼程度。這或許是因為他們普遍認為自己做的事和妻子做的事應該合在一起看，也就是以夫妻為單位來照顧父母親。

換句話說，他們不特別提到妻子既有的貢獻，是因為他們把妻子視為和自己一體的照顧者。

他們跟第一組（對妻子感到不滿的兒子）之間的差異，其實只有一紙之隔。最大的分別在於，正如同當初決定與父母同住時所期待的，（除了自己家裡的家事）他們還希望妻子分擔照顧工作，但是以第一組的情況來說，那已經是不可能的了。所以，與父母同住的兒子會走上哪一條路（變成哪一組的兒子照顧者），關鍵可以說是完全取決於妻子。

第三組：「多虧妻子幫忙，才能看顧父母」

第三組的兒子，不僅自己持續承擔照顧工作，還舉出了妻子在實務上以及心理上的支持，對妻子讚不絕口。

其中還有不少人表示：「照顧爸媽讓我和妻子的感情變得更加緊密。」

和前面兩組相反，這一組兒子照顧者幾乎都不與父母同住。有的是兒子和妻子兩人都跟父母分開住，或者只有兒子偶爾住在父母家照顧他們。總而言之，妻子和父母並不住在同一個屋簷下。

這組兒子同樣會期待妻子協助。事實上，有時候因為有事無法親自到父母家，妻子也會代替他們去看顧父母。所以，就夫妻兩人共同看顧父母這一點來看，狀況和前一組相同。

不過，這一組兒子有個明顯特徵，就是他們很清楚自己和妻子是各自獨立、分開的照顧者。

他們會談論妻子在什麼時候、什麼情況下代替自己照顧父母。自己長期負責照顧工作時，妻子又會做哪些事幫助自己，最重要的是，他們會把妻子在照顧方面既有的貢獻和自己所做的事情明確地分開來談。

比如說，他們會舉出具體的時段和頻率，也會說明妻子的分擔情形：「我太太每個星期四的下午到晚上，一定會幫我看顧父母。」就算妻子只是臨時分擔照顧工作，他們也一定會特別提及請求妻子幫忙的過程：「我擔心可能被工作耽擱時，就會立刻打手機給她。」

他們之所以會下意識提到這些過程，正是因為他們不與父母同住。假使住在一起，只要兒子不在，在家的妻子或許就會「自動地」幫他看顧父母。但由於妻子和父母之間有物理上的距離，要是不特別告知、請求暫代，並且確認妻子的意願，可能會導致沒有人看顧父母。

這一組兒子照顧者口中妻子的「既有貢獻」，不只包含直接照料父母的大小事（譬如代替自己看顧父母、遠距離做父母家的家事等），還包含把家裡打理得很好，讓他們能夠安心前往父母家照顧。

舉例來說，四十多歲的武居先生表示，妻子為了讓他能夠專心照顧父母，一手包辦了孩子的所有事。

武居先生有一對上小學的兒女，過去還不必往返照顧父親的時候，不用上班的週末他可以陪伴孩子們，可是現在就很難了，因為週末沒有日照服務，所以他必須去父親家幫忙。

經過討論後，妻子告訴他：「孩子的事交給我，你就專心照顧爸爸吧。」孩子對於不能和爸爸一起玩似乎感到有些不滿，這時妻子還會扮演開導的角色。她偶爾也會趁著週末帶孩子到爺爺家，讓他們看看爸爸照顧爺爺的模樣，告訴他們：「爸爸很努力地照顧爺爺喔。」盡可能讓孩子理解眼前的情況。

多虧妻子這麼做，據說連孩子們也開始改變態度，會主動幫忙做家事，懂得盡自己的力量幫助父母。

照顧工作為他跟孩子們的關係帶來意料之外的良好影響，而自己能夠照顧得更輕鬆，全是因為妻子努力協調家裡的事和家人之間的關係，因此武居先生在訪談中不斷地感謝妻子的支持。

別忘了關懷支持自己的妻子

這一組的兒子照顧者，強烈意識到如果沒有妻子的支持，他們就無法持續照顧父母，有好幾位因此不忘關懷妻子。當中更有兒子表示，自己埋頭照顧父母之餘，也不會疏忽對妻子的關心和注意。

殘間先生（四十多歲）就是其中一人。從父母家回到自己家之後，他也一定會騰出時間和妻子共度，告訴她當天發生什麼事，或是邊喝茶邊聽她說話。

為了消除照顧雙親的壓力，殘間先生最想做的，其實是盡情地玩自己最愛的遊戲。以前他老是一回到家就開始玩遊戲，後來看到妻子似乎因此心情不太好，才改掉了這個習慣。

殘間先生表示，為了讓自己沒有後顧之憂，妻子也必須扛下各種擔子，有時候甚至要代替他去看顧，而且還要聽他發不完的牢騷。

剛開始照顧父母時，或許是因為失智症的關係，殘間先生經常被責罵，也曾經很氣父母，這時候安撫他的情緒、讓他冷靜下來的人，就是妻子。他說當時多虧了妻子，自己才不至於變成「兒子施虐者」，回頭想想，妻子要面對壓力過大的丈夫，還要不斷給予支持，她自己應該也承受相當大的壓力吧。

殘間先生對妻子這位堪稱唯一的盟友，自然由衷地感謝。而且因為父母的兄弟姊妹只會要求這、要求那，卻不肯出手幫忙，因此面對突發狀況時，只有妻子能臨時幫忙照顧，殘間先生有事也只能找她商量。

想到妻子如此支持自己，而且日後依然需要她的支援，他當然不會忘了要關懷妻子。

妻子對於照顧方針有巨大的影響力

這一組的兒子照顧者，還有一個很明顯的特徵，那就是妻子對丈夫（兒子照顧者）的照顧方式和想法有相當大的影響力。

其中的原因，當然包括妻子是兒子照顧者在照顧初期最早的商量對象，但這並不是妻子之所以有影響力的關鍵因素。

比方說，前面兩組的兒子照顧者雖然視妻子為商量的對象，但是這裡所說的商量，目的只是為了取得家人的共識，事實上照顧方針還是由兒子主導和決定。

但是在這一組，妻子很可能會推翻丈夫的照顧規劃。這也是因為這組的兒子照顧者大部分都有採納妻子的提議或忠告，而大幅改變照顧方法或想法的經驗。

舉例來說，椋木先生（五十多歲）就是受到妻子的啟發，開始考慮安養機構。

一直以來他都相信父母由親生子女照顧是最好的，所以幾乎不回自己家，而是住進了父母家持續照顧。

但是這樣的照顧方式，讓他因為過度勞累而開始感到心力交瘁，導致每次母親一做錯什麼事他就大聲怒斥，同時卻也讓他開始厭惡自己——「明明她就是一手養大我的媽媽」、「我怎麼變成這麼可惡的兒子」。

或許是不忍再看到椋木先生的精神每下愈況，有一天妻子溫柔地提醒他：「看到你因為『家人的牽絆』而勉強來照顧自己，被照顧的媽媽或許也感到很痛苦。」接著又說了一些自己的朋友把親人送進安養院時的情形，告訴他安養機構不全然都是「負面的」。

妻子還對他說：「如果你對把媽媽送進安養院有罪惡感的話，也可以每天都去看她啊！」、「一旦脫離照顧關係，你對媽媽會更溫和，就能帶著笑臉去看她了不是嗎？」椋木先生聽了也認為有道理，那確實是個變通的辦法。

他還表示，如果再持續那樣照顧媽媽，恐怕真的會導致虐待，於是決定重新訂定未來的計畫，不再排斥將媽媽送到安養院。

妻子的資訊網能夠支援丈夫

椋木太太的忠告之所以有說服力，可能是來自朋友的親身經驗，因而對安養機構有具體的知識。

當然，有這些知識的也不僅限於這一組兒子照顧者的妻子，妻子對於照顧服務和安養機構的知識通常比丈夫多，因為這些知識多半得自同樣是女性且有經驗的照顧者。

兒子照顧者——尤其是年紀輕的兒子照顧者——身邊，比較少有和自己一樣也在照顧父母的同齡男性。事實上，就算兒子照顧者的身邊存在著有照顧經驗的男性，他們通常也不會積極討論照顧的事，交換資訊的機會也很少。關於這一點，我會在第五章詳細說明。

因為不討論，所以資訊來源只有自己的網絡。其他人是怎麼接受服務的？附近的安養設施評價怎麼樣？諸如此類的資訊往往非常不足。

相反地，兒子照顧者的妻子多數擁有相關的資訊網。

比方說，妻子會定期跟自己的親戚，特別是姊妹、阿姨或表姊妹等女性親屬聯絡，就算她們本身沒有照顧經驗，也或許擁有照顧保險的知識。這是因為女性成為照顧者的可能性很大，女性親屬當中有照顧經驗的人也比較多。

另外，妻子比較可能經常和朋友或鄰居聊天，在打交道的過程中，也會得到利用安養機構和服務的經驗談。到朋友家作客，就有機會聽到把高齡長輩送進安養機構的經過，或送進去之後的感想；站在門外和鄰居聊天時，也有機會聽到利用附近日間照顧中心時發生的問題。

因此，不論哪一組，多數的已婚兒子照顧者都表示：「有關照顧服務或機構的資訊來源主要是妻子。」

妻子的影響力也要丈夫「肯聽」才能發揮

可是，儘管妻子身為資訊來源，但她們對丈夫的照顧方式或想法是否產生影響力，關鍵還是在丈夫身上。就算妻子根據各種照顧經驗談提供富有啟發性的提議或忠告，身為丈夫的兒子照顧者要是「充耳不聞」，妻子的影響力也無用武之地。

這是因為實際上在其他組的兒子照顧者中，有些人就是不管妻子說什麼，始終還是堅持自己的照顧方式。

另一方面，受到妻子提供的資訊影響的兒子照顧者當中，也有人會反覆思索妻子提出這樣的建議或忠告有什麼用意。舉例來說，其中一個人就向我透露，對於妻子如此熱心地當他的照顧顧問，他覺得背後的動機或許並不單純。

根據他的說法，妻子似乎是想防患於未然，避免照顧的工作落到她頭上。因為如果他太過投入照顧而累倒，甚至一病不起，那親人當中照顧繼任人選的「最佳候補」，當然就是妻子了。

不過，即使他暗地裡有這樣的推測，也還是非常感謝妻子的忠告。訪談期間，他曾不斷表達謝意道：「多虧了妻子，自己才能夠繼續照顧下去」、「我更加明白，（妻子）對我來說有多麼重要」。

不管妻子的用意為何，她們做為丈夫的諮商顧問，確實提高了兒子照顧者的持久力。正因為有妻子監視兒子的照顧狀況，並且在兒子陷入僵局時適時地介入，提出比較合理的照顧方式，兒子才有辦法長期抗戰。

不會固執地拒絕妻子的介入、對妻子懷著感謝之意並接受建議，也是這組兒子照顧者的特徵。正因為他們有那樣的包容力，妻子對丈夫的照顧方式和想法才能產生影響。

第四組：決定獨力看顧的丈夫們——隔開妻子跟父母的考量

第四組的兒子照顧者幾乎完全不讓妻子參與照顧，也不期待妻子協助。

第一組兒子照顧者的妻子同樣沒有分擔照顧工作，因此他們無法接受；但這一組的兒子正好相反，他們並不會抱怨妻子的表現。

這是因為他們更重視的是「血緣」。事實上，還有兒子聲稱：「交給妻子這個『外人』（照顧），感覺很奇怪。」

所以這組兒子照顧者談論的多半是：假如有兄弟姊妹的話，就不會找妻子，寧願找兄弟姊妹討論該怎麼分擔最理想（有關照顧者與手足關係的內容請參閱下一章）。

這組兒子全部都和父母親分開住，當中還有人的妻子是單身出外工作，甚至有丈夫、妻子以及各自的父母親全部分開生活的案例。

再者，這一組兒子和父母的物理距離，比其他組的兒子來得更遠。幾乎沒有住在同一縣市的案例，其中還有人每天必須花幾個小時遠距離來回照顧。第三組的兒子照顧者雖然大部分也是分開住，但是跟這組比起來距離還算近的。

或許從以上分析可以推測出，他們和父母住得那麼遠，是因為不期待妻子參與照顧；但是我從有限的訪談對象當中，很難確定他們跟父母的距離和對妻子的期待之間的關聯，以及整體趨勢。

此外，假設這兩件事有所關聯，那麼哪一個是因？哪一個是果？實在有些模稜兩可。比方說，或許是為了讓妻子覺得相隔遙遠，就算想分擔照顧也沒辦法，或者正好相反，原本就不打算讓妻子參與照顧，所以就算住在距離父母很遠的地方也無所謂。

總而言之，從他們的談話中，看不出想要妻子分擔的期待，反倒讓人覺得在照顧父母這件事上，他們似乎很積極地想把妻子排除在外。

比方說，某位兒子每個星期有一半時間住在父母家照顧他們，但是回到自己家後，也幾乎不跟妻子談論到照顧的情況。根據他的說法，如果跟妻子談起那些事情，妻子會關心父母的狀況，說不定也會開始煩惱「我是不是得去看看才行」。

其他人聽了也笑著說：「或許就是因為沒有仔細交代（父母親的情形給妻子聽），（夫妻關係）反而很好。」

換句話說，或許他們自己也意識到，儘管並不期待妻子分擔照顧的工作，妻子還是有可能因為沒有參與而感到為難。所以在這一組當中，有些兒子照顧者會基於這樣的顧慮，選擇不向妻子報告照顧的狀況，也不抱怨照顧上的壓力，以免打開妻子的煩惱開關，害她苦惱「我是不是得去看看才行」。

但是，這些妻子就算沒分擔照顧工作，也並非沒有協助丈夫。她們都承擔起「照顧基礎」，也就是打理自己家的家事，照料兒子照顧者的起居，甚至因為丈夫的資訊來源較少，所以也會提供從自己的人際網絡收集來的相關照顧資訊。

有一位兒子表示，有一次妻子知道他考慮幫父母換醫院，就幫忙查了好幾間醫院的資料做準備。這些妻子對於身為兒子照顧者的丈夫，絕對不是「冷淡」的。

「一個屋簷下」才會產生的摩擦

以上四組終究只是我訪談的「已婚兒子照顧者」的分類，並不是所有兒子照顧者對妻子的看法都能符合這四個類別當中的一個。

此外，就算某一組的兒子具備一些共同特徵，也不表示具有那些特徵的兒子就一定被歸類在那一組。

我如此語帶保留，是因為如果要經由比較這四組的異同而導出什麼（暫時性的）結論的話，那就是：丈夫跟妻子的關係是否良好，關鍵就是在照顧這件事情上有沒有和妻子明確商量。就這一點來看，跟父母同住的兒子「風險」最高。

因為如果是住在一起，夫妻之間幾乎沒有任何「商量如何分工」的動機。

首先，假使已婚的兒子跟父母住在一起，就算他不打算把所有照顧工作交給妻子，也多少會希望她能分擔一些。而且他們理所當然地相信，妻子既然願意同住，便等於是回應了他的期待。所以他也不必跟妻子商量，就這樣開始照顧父母。

但是，從第一組兒子的經驗可知，妻子可能直到公婆需要照顧時，才發覺自己並不想按照丈夫暗自的期待去做；也很可能在照顧之前，就從同住的生活壓力中「撤退」。開始照顧父母之後，以同住的情況來說，夫妻間很容易以「誰當時在場就誰做」的方式來承擔照顧工作，明確劃分各自任務的動機自然就很低。

當然，照顧是非常即時的勞務工作，通常無法預期被照顧者要的是什麼、又要做到什麼程度，所以採取「誰在場就誰做」的彈性作法，可以說是比較理想的。

但是，這之中隱藏的較大風險是，在沒有明確劃分自己跟妻子責任範圍的情況下，丈夫會很難察覺妻子所承擔的工作量變得相當大。

第二組的兒子則因為下意識認定是「夫妻／在家一起看顧」，所以無法清楚回答自己跟妻子各自負責些什麼，又負責到什麼程度，這一點也跟第一組一樣。

當然，兒子照顧者夫妻之間的關係，不見得會因為跟父母同住就變差，但顯然就是因為住在同一個屋簷下，距離太近，丈夫反而不容易看到都是妻子一肩承擔。

「夫妻感情因為照顧而更緊密」只是丈夫一廂情願的想法嗎？

從第三組兒子的說明可以發現，因為分開居住而跟父母保持物理距離的話，兒子照顧者跟妻子商量如何分擔工作的動機就會提高。

另外，誠如前面提到的，這一組兒子中，有些人會讓妻子更容易認清自己的職責（也就是什麼時候、幫我做什麼），也不忘關懷和尊重妻子。

當然，即使經過商量，跟妻子的關係也不一定會因此變好。

雖然我所訪談的兒子照顧者中沒有這種情形，但是可以想見，有關責任分工的商量一旦決裂，夫妻之間就會產生鴻溝。

不過，當與父母分開住的兒子照顧者在經過明確商量、也獲得妻子支持後，說出「因為照顧，讓我和妻子的感情變得更緊密了」這句話時，多半也代表他的意見是獲得妻子肯定的。事實上，確實有研究報告可以證明這一點。

其中一份是加拿大社會學家羅莉・坎貝爾的論文。

坎貝爾發表過幾篇有關兒子照顧的論文，其中一篇不僅訪談兒子照顧者，也訪談了他們的妻子（順便一提，她訪談的兒子照顧者全部都和父母分開住）[6]。出現在坎貝爾論文裡的兒子照顧者，和我所訪談的兒子一樣很感謝妻子的支持；而那些妻子大多也肯定身為主要照顧者的丈夫，或是對夫妻關係抱持正面的態度。

坎貝爾的論文中也提到，其中有幾位丈夫或是妻子都強烈表示，丈夫成為主要照顧者縮短了他們彼此之間的距離，或是兩人的關係因此變得更加緊密。

「不是主要照顧者」造成妻子的心理負擔

坎貝爾針對兒子照顧者的妻子究竟如何看待自己的角色，提出了一項頗有意思的論點。

6 Campbell, L. D. Sons who care: Examining the experience and meaning of filial caregiving for married and never-married sons. *Canadian Journal on Aging, 29*, 73-84.

根據她的論點，妻子認為負責照顧的人終究是兒子，自己則在心理上支持著丈夫。事實上，論文中也有妻子表示會幫忙做公婆家的家事，並且跟丈夫一起照顧老人家，認為所謂的支持其實不僅限於心理層面；但是坎貝爾的論文中，似乎沒有任何一位妻子會宣稱自己是共同照顧者。

坎貝爾並未深入分析這些妻子為什麼對自己的貢獻那麼謙虛，但她認為這樣的自我評價，應該跟妻子對於「照顧的事都讓丈夫做」感到內疚有關，不過，我想那充其量也只是猜測吧！

附帶說明一下，有人認為在坎貝爾調查的北美（包含加拿大），女性看顧公婆的情形好像不多，這個說法並不一定正確。

比方說，老年學學者麥克斯米里安．西若巴克斯和亞當．大衛利用美國的代表性樣本統計分析發現，丈夫照顧自己父母的時間比妻子照顧的時間長的夫妻，只佔三成左右[7]。換句話說，剩下將近七成的夫妻，妻子看顧公婆的時間都至少和丈夫一樣，甚至超過丈夫。

丈夫比妻子更常看顧公婆的狀況，在美國也是屬於少數族群。

本章開頭曾介紹克萊．安格森的研究中指出，沒有參與照顧讓女性有罪惡感，因為在「一般」社會中，媳婦應該比兒子多負擔照顧公婆的責任，因此當丈夫成為父母的主要照顧者時，感到「歉意」的女性一定很多吧。

我不認為坎貝爾所訪談的妻子們心中沒有那份內疚。事實上，比起自己實際分擔照顧這件事，在她們的下意識中更在意的可能是自己不是主要照顧者。

正因為如此，她們才不說自己是共同照顧者，而表示「照顧的人是我先生」、「自己只是在心理上支持著丈夫」吧。

為了不讓妻子有「罪惡感」

對兒子照顧者的妻子來說，看著丈夫照顧父母的樣子，感覺其實很矛盾。不用承受「媳婦角色」的壓力、不用被迫承擔孤立無援的照顧，生理上或許很輕鬆；但是另一方面，一定會有「不參與真的好嗎」的心理不安。

我雖然沒有訪問過兒子照顧者的妻子，但是根據兒子照顧者的說法，他們的妻子（甚

---

7 Szinovacz, M. E., & Davey, A. (2008). The division of parent care between spouses. *Ageing & Society, 28*, 571-597.

至包括住在一起且已經因為照顧壓力而倒下的妻子）大都承擔著家事這類「照顧基礎」，且偶爾分擔照顧工作、充分利用自己的人際網絡幫丈夫收集資訊、扮演諮商師在心理上全力支持丈夫——這些或許也都是「不可以讓丈夫獨力照顧」的心理投射表現。

第四組的兒子照顧者中，有些人在這方面不忘尊重妻子。他們極力避免讓妻子因為沒有參與照顧而感到不安，所以在自己家裡也小心翼翼。

他們下定決心自己單獨看顧父母，為了貫徹到底，如何將妻子的參與程度降到最低，他們可說一點都不輕忽。

我認為第四組的兒子跟父母親的物理距離，能夠有效緩解妻子的心理不安。

誠如我前面提到的，這些兒子的自家（乃至妻子）跟父母家的距離，比其他組的兒子遠得多。誠如安格森所指出的，沒有參與照顧這件事，會讓女性產生罪惡感，而且跟被照顧者的距離越近，罪惡感越重。考量到這一點，為了遠離吸引妻子成為「媳婦角色」的「磁場」，這一組的兒子夫妻才必須跟父母保持距離。

丈夫極力避免將照顧的事帶回自己家的想法，加上（至少某種程度上）足以減緩罪惡感的物理距離，二者發揮作用下，已婚的兒子很可能變成真正的「自己一個人看顧」，就各方面來說，這或許都是很艱難的兒子照顧型態。

兒子照顧會「減輕媳婦的負擔」嗎？——讓男人感覺刺耳的話

我想，已婚兒子——特別是已婚且分開居住的——成為父母的主要照顧者，將是未來的兒子照顧趨勢。

這是為什麼呢？誠如前面說明兒子照顧增加的因素時所提到的，原因有下面幾項：第一、與父母輩住在一起的夫妻減少；第二、兄弟姊妹人數減少，妻子無法只顧照料公婆；第三、父母也不希望由媳婦來看顧。

話說回來，隨著已婚兒子照顧者增加，他們的妻子、也就是媳婦的負擔真的減輕了嗎？

考察本章內容所得到的結論是：「並不一定如此」。

的確，從歷史上來看——也就是說，跟過去的媳婦比起來，現在及未來的媳婦承擔的責任，或許將隨著已婚的兒子照顧者增加而減少。

但是，就媳婦個人終其一生所承擔的責任來看，恐怕並未減少。因為就算兒子成為父母的主要照顧者，妻子仍舊必須承擔兒子自家大部分的家事。

本章前半段曾經說過，第三者之所以認定家族中的某個人為父母的主要照顧者，是因為這名成員承擔了「父母剛開始需要的照顧」。包括這個「剛開始需要的照顧」和家事在內，過去的媳婦幾乎都是一肩扛起。

隨著已婚兒子成為父母主要照顧者的情形增加，這個「剛開始需要的照顧」由兒子扛起，在這種情況下，現在的媳婦所承擔的責任確實比過去的媳婦少。

但是，從媳婦一輩子必須承擔的責任來看，就只是沒有承擔「剛開始需要的照顧」，但是在公婆需要照顧前就必須做的事情（也就是兒子自己家的家事），大部分依然還是由媳婦一人扛起。

更進一步說，假使丈夫帶去給父母吃的飯菜是妻子準備的、丈夫把父母的衣物帶回家讓妻子洗的話，妻子在「剛開始需要的照顧」中，或許就不能算是「沒有參與」了。從這一點來看，身為媳婦的妻子承擔的責任的確增加了。

所以，就算實際上照顧父母是由夫婦各自分擔，也不等於家裡的照顧勞務也是夫妻平均分工。

當然，兒子不把照顧父母的事交給妻子，只要是妻子應該都會感到開心，畢竟感覺「輕鬆多了」（不過，這是指和過去的媳婦比起來）。

然而，對於增加的家事，如果丈夫一副「與我無關」的模樣，妻子或許會感到失望。因為對妻子來說，在自家裡的負擔跟以前一樣（說不定還略增）。

所以，就算已婚的兒子照顧者增加，媳婦的負擔也不見得會減輕。不只是從歷史層面來看，綜觀媳婦的一生，只有在照顧父母和自家家事兩方面都做到夫妻平均分擔時，媳婦的負擔才能算是減輕。

第3章

「為什麼不是手足，而是自己……」

關於照顧責任的理論和回應

前一章曾經談到，兒子照顧者增加的原因之一，是因為兄弟姊妹人數減少。但是，就算是人數減少，在這些兒子照顧者的家庭中，除了受訪者這名兒子之外都還有其他孩子——實際上，大多數的兒子照顧者都有至少一位手足。

對兒子照顧者來說，手足同樣是父母的孩子，卻也是「沒當過主要照顧者」的人。比方他們的兄弟就是「沒當過父母主要照顧者（或是還沒機會當就結束了）的兒子」。「如果他們成為爸媽的主要照顧者，現在站在他們位置上的或許就是我」——對兒子照顧者來說，兄弟就是這樣的存在。

此外姊妹也是可能代替兒子照顧者而成為主要照顧者的人選。父母由親生孩子照顧已然成為社會趨勢，特別的是，在高齡者的「理想照顧者排行」中，排在配偶後面的多半是女兒，由此可知，姊妹絕對是主要照顧者的「強力候補」。

那麼，兒子照顧者又是如何看待他的手足，也就是其他「候補人選」呢？有關兒子照顧者的書籍文獻，主要都是討論兒子眼中照顧任務的困難度，鮮少觸及他們的手足關係。

所以，本章要研究的主題，就是兒子照顧者如何看待自己的手足。主軸將聚焦在身為主要照顧者的兒子眼中手足的照顧責任，以及與手足分擔照顧工作的狀況，藉此聽聽他們的心聲。

(一) 兄弟：非兒子照顧者的其他兒子

「長子」並不是成為兒子照顧者的主因

到目前為止，我所訪談的兒子照顧者幾乎都是長子。

聽到由長子照顧父母，我腦海中馬上浮現「扶養年邁父母的傳統規範」。大家都知道，在日本傳統的「家」制度下，繼承家業財產的長子有責任扶養、看顧父母（不過，實際上照料父母的人是他的妻子）。

所以剛開始訪談時，我猜想這些兒子之所以承擔照顧工作，很可能是基於這項傳統規範，意識到自己是長子的緣故。

然而實際和他們談話之後，我發現，幾乎沒有長子照顧者會特別強調自己是長子這件事。許多長子都表示「要和弟弟一起照顧」，並沒有打算自己一個人照顧父母，也有長子在整個訪談過程中幾乎不提到排行。

當然，其中也有長子意識很強的長子。但是，他們也覺得自己的想法未必是「普遍的」想法。

舉例來說，有一位長子照顧者從以前就打算自己看顧父母，他說：「因為我從小就被教導這是長子必須做的事，屬於一般常識。但我覺得現在的社會不一樣了。」

「偶然」劃分了弟弟和我

大多數的長子都認為，弟弟至少也有跟自己同等的照顧責任。這個跡象在他們說明「為什麼自己會變成主要照顧者」時可以觀察出來。

根據他們的說法，父母的主要照顧者之所以是自己而不是弟弟，原因純屬「偶然」，也暗示自己承擔照顧工作並不是基於什麼特別的義務意識。

舉例來說，某位長子表示，父母變得需要照顧的時間點，正好碰上自己屆齡退休。雖然他和弟弟都跟父母分開住，但是弟弟還在上班，所以沒有工作又有充裕時間的他，就不得不接下每天往返照顧的任務（順便一提，當時他太太還在上班）。

其他的兒子也曾提到，當父母狀況越來越糟時，跟弟弟比起來，他剛好住得離父母比較近，所以才由他來照顧父母。我又試著問他：「你是不是抱著無論如何都要自己照顧父母的心情，當初才會盡可能住得近一點呢？」結果他搖搖頭，表示沒有那麼想過。

此外他還加了一句：「其實，說不定由弟弟來照顧，老人家還比較開心。」或許他認為自己只是偶然變成主要照顧者，對父母來說，卻可能不是最理想的照顧者。

總結多位長子的訪談，可以發現他們的共同點如下：

首先，他們並不是不想照顧父母。也可以說，為了報答從小到大的養育之恩，當父母變得需要照顧時，他們會想要以孩子的身分幫助他們。

然而，他們並沒有所謂的「弟弟不行，一定要自己照顧父母」的使命感。只是在父母需要照顧時，自己剛好處於比較適合、無從拒絕的狀況。

不受制於長幼順序

從這個「無從拒絕的狀況」可以判斷，他們之所以成為照顧者，是和弟弟比較了跟父母之間的物理距離和雙方時間是否充裕後的結果。換句話說，因為自己離父母比較近，或者在時間上比較彈性，才不得不說自己「很適合」照顧父母。

這所謂的物理距離和時間充裕的基準，有兩個特徵：

第一，與長幼順序無關。兒子照顧者是因為「無從拒絕的狀況」才符合這些條件；如果狀況正好相反，是弟弟住得比較靠近父母，而且時間上比較不受限制，那麼非得擔任主要照顧者的自然會是弟弟。

換句話說，這些長子的言談中強烈暗示的，是自己和弟弟現在之所以角色不同，完全取決於物理距離和時間是否充裕這兩大基準。

由此可知，不是身為長子的長子意識變得淡薄，而是應該說，長子很清楚自己的身分，才會否定排行與照顧責任有關，並且抗拒傳統上由長子扶養年老父母的規範。

事實上，也有一些長子對於長子這個身分被賦予的特殊意義，表達明顯的不認同。

比方說，我（筆者）雖然承認傳統的規範如今多少喪失了影響力，可是對於長子不想談到長幼順序的說法，依然感到奇怪。因此訪談當中，我幾度開口問他們：「你之所以照顧父母，難道不是因為自己是長子嗎？」

可是每次提出這個問題，得到的答案都是否定的：「跟那個沒關係。」

此外，可能是我在聽他們談話時，表露出「為什麼不提長幼順序」的詫異表情，因此也有長子告訴我，他本人「從來沒想過什麼長子不長子的」，自認完全沒有長子意識。

這些長子只搬出與長幼順序無關的基準，並且否定長子意識，或許是因為需要另一套理論來對抗傳統的長子規範。誠如社會學家笹谷春美教授所指出的，想要搬出長子規範，從而「證明」長子應該扛起照顧工作的，通常都不是長子，而是長子以外的手足。

笹谷教授根據自己所做的家庭照顧者訪談調查，歸結出下面這段內容[8]：

> ……我意外發現，年輕的兒子們有著強烈的長子意識。所謂正值壯盛的男性，一般來說，最不容易被納入照顧者的行列，這些人在遇到需要承擔主要照顧工作的情況下，本人跟其他手足磋商協調，或是想要委由某一個人承擔照顧時，都會端出長子規範做為藉口。換句話說，這可以說是其他手足為了逃避照顧時端出來的「臨時規範」。

8 笹谷春美，〈當女人承擔家庭照顧時——性別差異與生命歷程的策略〉，收錄於上野千鶴子、大熊由紀子、大澤真理、神野直彥、副田義也編，《照顧思想與實踐（四）家人的照顧 對家人的照顧》，岩波書店，二〇〇八年。

長子或許認為，一旦搬出長幼順序，等於承認對自己不利的長子規範是有效的，如此一來，將很難追究弟弟的照顧責任，自己必須心甘情願地獨力照顧父母。

由這一點可以理解，為什麼長子只會提出與長幼順序無關的基準，來說明自己扮演的照顧角色。這也反映出他們不打算讓弟弟以「畢竟我只是弟弟」的理由逃避責任的心態。

不讓你一個人當「一般男人」

不過，在我剛才引用的內容中，笹谷教授還指出了一個要點，那就是兒子照顧者中其實包含了許多「正值壯盛的男性」，亦即她指出了有關壯年期男性的「一般觀念」。誠如笹谷教授所言，在「一般觀念」裡，認為壯年期男性「最不容易被納入照顧者的行列」。換句話說，壯年期男性「一般」比較不會成為照顧父母的人，反過來說，壯年期男性如果承擔照顧責任，將過著與「一般」男人不一樣的生活。

事實上，兒子照顧者所面對的各式各樣問題，都是非主要照顧者的「一般」男人未曾經歷的。後面章節將會討論的有關工作和照顧兼顧的問題，可說是最典型的例子。

而過著與「一般」男性不一樣生活的，不只是壯年期的兒子照顧者。

舉例來說，兒子照顧者當中有不少人幾乎沒有做家事的經驗（詳細內容請見其他章節）。特別是現在年紀在壯年期以上的世代，多數男人都力行「君子遠庖廚」。這些兒子照顧者看著年紀相仿的「一般」男人讓妻子打理家裡大小事，而自己卻是從家事到照料父母都必須孤軍奮鬥。

從這個觀點來看，這也是長子想要弟弟也負起責任的另一個原因，隱含著哥哥不容許只有弟弟可以過得像「一般」男人的心態。

長子照顧者是在「偶然」的情況下，成為父母的主要照顧者，必須過著與「一般」男人不同的生活；另一方面，沒有變成主要照顧者的弟弟，則因此能夠享受「一般」男人的生活。

既然是親兄弟、也有父母需要照顧，為什麼只有自己無法像「一般」男人那樣過日子，未免太不公平……。

長子們的言談中，暗示著他們之所以承擔照顧責任，重點在於物理距離或時間充裕，但或許也隱含著同性之間的競爭意識，不能接受只有弟弟過著「一般」男人的生活。

找不到「適當」的分擔方法

然而，所謂的物理距離或時間充裕的基準，也並不是真的那麼方便。因為這些基準很難評估弟弟和自己的差異，就算確實有所差異，也很難依據那項差異「適當」地分擔工作。這也是前面所提到的，這兩個基準的另一項特徵。

舉例來說，假設哥哥住在距離父母家三十分鐘的地方，弟弟住在距離七十分鐘的地方，兩人之間確實有物理距離的差別。從距離來看，哥哥似乎相對比較方便；但是站在哥哥的立場，他一定無法理解，只不過相差四十分鐘，為什麼事情都要他來做？可是話說回來，能夠配合這四十分鐘的差別平均分配的照顧工作，又是什麼樣的內容呢？

至於時間充裕這個基準，就更難了。

假如以「是否在外工作」來比較的話，退休的哥哥和尚未退休的弟弟相比，看起來比較有空的是哥哥。但是兄弟又不住在一起，假如哥哥需要負責自己家裡的家事，弟弟家的家事則全部仰賴妻子的話，又是如何？哥哥跟弟弟比起來，又能有多少餘裕呢？

況且，就算哥哥和弟弟的時間同樣有限，還是要視不同狀態而定，也不能因此就說他們的空閒時間都是一樣的。

假如其中有人剛好身體不舒服，那即使是做相同的事情，耗費的時間也會比之前多。在正常情況下，隨著年齡增加，可以想見健康狀態先走下坡的會是年長的哥哥。既然如此，哥哥的時間看起來比較彈性，也不一定就代表比較充裕。

再說，時間充裕和物理距離也有著根本上的不同。如果親子任一方不搬家，那物理距離就不會改變，但時間卻是可以調整的。就算剛開始只有屆齡退休的哥哥能夠照顧父母，隨著照顧期間拉長，或許弟弟之後退休了，也就能一起照顧。

就這一點來看，長子照顧者表示「當父母變得需要照顧時，最適合的人就是我」，也是不爭的事實。言下之意，自己是相對比較有空的一方，但僅限於某個特定的時間點。因為在那個時間點，自己和弟弟所處的情況不同，便就這樣確立了雙方角色的差異——長子照顧者的這番話中，或許也隱藏著某種不情願吧。

總而言之，所謂的物理距離或時間充裕基準，如果當做分擔照顧工作的根據，實在很模糊。這當中會產生什麼差別？又會差多少？可以產生很多種解釋。

所以，即使這些兒子照顧者一開始可以接受這樣分擔，一旦看法改變，他們的心裡就會開始產生疑問。原本讓自己接受這個身分的依據——也就是物理距離或時間的差別

——也可能會是他們產生懷疑的原因。

就目前跟弟弟分擔照顧工作的狀況來說，其實大部分的長子是不樂意接受的。有一位長子說明他無法接受的理由：「考量到我們跟爸媽的距離或是時間的差別，弟弟做的事根本太少了，一點都不平均。」

然而，按照這些基準而分配的工作量，就「不得不接受」嗎？恐怕不太可能。以這樣的基準分配照顧工作，非常可能會讓現有的分擔產生更多意見分歧。

另外，之所以會產生分歧、無法定調，原因之一是兄弟之間對於物理距離或時間的認定不同。哥哥認為雙方承擔的責任與距離或時間的差別不相稱，可是弟弟卻覺得，就兩個人的差異來看，現在的分擔是很合理的。

只要搬出這些基準，任何一方都會覺得自己才是「正確」的，結果導致雙方可能永遠找不到彼此都能接受的分擔方式。

非長子的兒子為什麼認為「只得自己做」

在我訪談的兒子照顧者當中，不是長子的很少。

這些不是長子的少數兒子，很巧地都有個共通點：他們都是在父母需要照顧之前，就從父母那裡繼承了家業，或是在手足當中獲得相對較多的財產（順便一提，所有的長子當中，沒有一個人提到自己是手足中唯一繼承家業的人）。

而且他們都認定「如果父母需要照顧，那應該是自己（而不是手足）來做」，某種程度上已經預期自己將承擔照顧工作，這一點和大多數長子強調「純屬偶然」的情況形成強烈對比。

在三個孩子中排行老二的相模先生（四十多歲），負責營運和管理父親名下的公寓。過去主要照顧父親的是母親，父親過世後，現在照顧母親的就是他。相模先生是單身漢，所以沒有配偶協助，自己一個人看顧母親。

而他之所以繼承父親大部分的財產，也是各種因緣巧合的結果（至少他本人覺得是偶然）。不過，不論發生什麼事情，相模先生認為既然自己繼承了家業，自然得負起照顧的責任。

而永富先生（五十幾歲）是兩兄弟中的弟弟。他雖然沒有明說繼承父母財產的原因，但是至少他認為自己是「受託照顧母親」。

當初永富先生自己的生意剛起步，因為需要資金而繼承了父母的土地。父親晚年一直由母親照顧，過世之前再三地對他耳提面命：「你媽就拜託你了」、「我也只能拜託你了」。因此父親過世後，永富先生才搬回家跟母親一起住。

永富先生的哥哥住在鄰縣，即使現在母親處於需要照顧的狀態，也維持一年只回家一次的頻率。對此，永富先生表示這實在是「令人感嘆」。

但是，他不打算改變目前一肩承擔的現況，也沒想過應該要改變。

「繼承家業的兒子」這個地位的分量

相模先生和永富先生的共通點在於他們有自知之明，知道在照顧責任方面，手足跟自己所處的位置是不同的。

他們從以前就覺悟將來要看顧父母的是自己不是手足，事實上也幾乎一肩承擔照顧父母的責任。那是因為他們有自知之明：在手足當中只有自己繼承了家產。

非長子的兒子照顧者在說明「成為照顧者的原因」時，比較偏向結合繼承權利和扶養義務的「家」制度。他們是所謂的「繼承家業的兒子」，所以有應該擔負照顧責任的自覺。

當然，也有人內心還是希望手足能幫忙分擔。舉例來說，某位非長子的兒子告訴我，哥哥每次來探視母親，離開時都對他說：「抱歉，就交給你了。」這時的他往往很想大叫：「如果覺得抱歉，那你就把老媽帶回去啊！」

但是，一想到自己畢竟繼承了父母親的財產，跟哥哥不一樣，他就不敢喊出聲，只能默默送哥哥離開。

為避免讀者誤解，我想先澄清一下，如果讀到這裡，就以為「非長子的兒子儘管不是長子，卻成為『繼承家業的兒子』，所以對於照顧父母有很強的責任感」，這樣的假設未免稍嫌輕率。

這樣的假設，在沒有得到既是長子也是「繼承人」的兒子照顧者、或是身為次子或三子但非「繼承人」的兒子照顧者的說法之前，永遠無法知道答案（很可惜，我還沒見過上述這幾種兒子照顧者）。

但可以確定的是，自己單獨繼承父母財產的自知之明，似乎讓他們不會想要和手足重新商量責任分擔的事。

兒子繼承的財產，似乎有重新啟動「家制度（日本傳統的家族制度）」理論、也就是決定誰是主要照顧者的效果。

其實我們並不容易意識到「家制度」的存在。前面提過的笹谷春美教授就指出，傳統的家族規範被當成是「臨時規範」；反過來說，就是這些想法平常都「隱而不顯」。

但是，當家族裡面發生只由一個兒子繼承財產的情況時，包含繼承這個要素在內的「家制度」就會立刻活躍起來。而且在家族制度的詞彙中，便會為那位兒子貼上「繼承人」的標籤，依據家族制度的邏輯，合理化他承擔照顧父母義務的這件事。

跟長子最大的不同點在於，這些「繼承家業的兒子」本身也認同「繼承家業的兒子」是合理的概念。

誠如笹谷教授所述，長子規範多半是長子以外的手足為了把責任推給長子而使用的託辭；但是「繼承人」這個理論的功能，是讓「繼承家業的兒子」擁有自己應該負擔照顧義務的自覺。

當然，這個自覺或許也是來自手足的壓力，不過，跟長子否定家庭制度理論的態度相比，「繼承家業的兒子」是接受這個理論的。

「『禮尚往來』是人之常情」的優缺點

「繼承家業的兒子」之所以接受家族制度的理論，不一定是因為服從，反而很可能是因為他們無法利用另一套理論——互惠性理論——讓其他兄弟合理地承擔照顧責任。

所謂互惠性，是指受贈者接受贈禮後，回禮給對方所建立的關係，簡而言之就是「由報恩產生的關係」。從這個互惠性的觀點來看，孩子照顧年邁的父母，也可以說是為了報答父母長年以來的援助和照料。

從研究中可以看出，兒子特別看重基於互惠性而照顧父母的這種想法。

舉例來說，根據前面曾介紹過的羅莉・坎貝爾的說法，照顧母親的兒子為了跟「與母親之間的情感連結」這種形容照顧動機的「女性化」詞彙有所區別，因此比較偏好用「互惠性規範」，也就是所謂「接受恩惠必須報答」的「義務和責任」詞彙，來說明自己的照顧動機[9]。

---

9 Campbell, L. D., & Caroll, M. P. (2007). The incomplete revolution: Theorizing gender when studying men who provide care to aging parents. *Men and Masulinities*, 9, 491-508.

事實上，我訪談的兒子照顧者全都以互惠性來解釋他們的照顧動機。不只是認定自己繼承家業而必須負責照顧父母的兒子，就連自認是「偶然」成為照顧者的長子，也都說過：「父母照顧過我，所以當他們年紀大時，我想扶養他們。」（但是他們的意思可不是只有自己一個人扶養父母。）

其實不只家族制度的理論，就連互惠性理論，也能合理化「繼承家業的兒子」承擔照顧責任這件事。因為他們都是為了自己的生活或工作，單獨繼承了父母親的財產，手足並未得到這項特別的援助，所以在孩子當中，他們的「負債」（報答父母照料的義務）尤其大。

換句話說，「繼承家業的兒子」並沒有可以逼迫手足分擔照顧的理論。

至於沒有繼承父母財產的長子，狀況就不同了。因為就從小受父母照料和援助這一點來看，他跟弟弟沒有明顯的不同。

以報恩為概念的互惠性理論，未必能納入家族制度理論，但也代表了在一般人際關係中「應有的態度」。如此一來，假使弟弟不分擔照顧工作，意味著他不打算報答（父母的）恩惠，就會變成連最基本的人際關係規則都不懂得遵守的人。

長子得到這個超越家族規範、從一般人際關係「應有的態度」出發的論據，就可以針對照顧責任都集中在自己身上這一點提出異議，合理地表達對弟弟的不滿。

(二) 姊妹：跟出嫁姊妹之間的互動

是「幫了我很大的忙」還是「煩死了」呢？

那麼，兒子照顧者又是如何看待姊妹的呢？

在往下讀之前，我想先提醒大家一點。那就是，我至今訪談的所有兒子照顧者的姊妹，全都結婚了。

儘管我所訪談的兒子照顧者中，家庭成員（有無配偶以及兄弟姊妹）或居住型態（與父母同住或分開住）各有不同，但是到目前為止，還沒有遇過家中有單身姊妹的兒子照顧者。

特別提到這一點的原因，容後詳細探討；在這裡我想先讓大家有個概念，那就是本書中的兒子照顧者，他們的姊妹全都結婚了。

在跟兒子照顧者談到他和姊妹之間的關係時，我注意到一件事。那就是，他們在提到姊妹對照顧的付出與表達對她們的不滿時有著明顯的差異。

以後者來說，有很多兒子照顧者強烈責備姊妹，甚至到了一見面就爭吵不休的程度。根據我之前所做的訪談，他們和兄弟之間似乎很少發生這樣的爭吵。

當然，誠如先前提到的，很多兒子照顧者對兄弟的分擔情形感到不滿，可是似乎沒有演變成激烈衝突的案例。

所以我分別把他們對兄弟和姊妹的看法大略統整，結果如下：

首先，針對兄弟分擔照顧工作，整體來說評分並不高。以大家的分擔狀況來說，雖然幾乎沒有令人滿意之處，但是也沒有人表現出難以忍受、強烈不滿的態度。

相對地，在姊妹分擔照顧工作的情況，就出現很大的差別。有些兒子照顧者會感謝她們的付出，說姊妹「幫了他很大的忙」，但也有一些兒子照顧者會以激烈的口吻表達出對姊妹的不滿，兩者人數相當。

顧慮「媳婦角色」這個枷鎖

兒子照顧者會對姊妹產生這樣的看法，我認為至少有兩個影響因素。

其一，是意識到「媳婦角色」的存在。他們認為，姊妹需要照料丈夫的家庭，尤其如果她們的公婆年事已高、需要別人照顧，就不太會期待姊妹分擔自己的工作。

這裡所說的意識到「媳婦角色」，不見得是要求姊妹盡到身為媳婦的責任、「專心照料婆家人」，比較貼切的說法應該是，他們理解姊妹身上套著「媳婦角色」的枷鎖。

這些兒子照顧者當中，有些人知道姊妹無法依自己的意志參與照顧父母，或是要得到丈夫或婆家人的認可才能回家幫忙照顧，所以對於身為媳婦的姊妹，能夠同情她們困難的立場。

正因為如此，如果姊妹在這種情況下還能定期回來幫忙，他們也會強烈感受到對方「（還要照顧夫家但）幫了自己很大的忙」。

事實上，兒子照顧者在對姊妹分擔照顧工作表達肯定之餘，也一定會提及她夫家的人。

順便一提，「已婚」這件事無法成為免除其他兄弟照顧責任的理由，這一點從同時擁有兄弟和姊妹的兒子照顧者對手足的態度差異即可看出。

比方說，某位長子照顧者有弟弟和妹妹，有時會對他們說：「多少來幫一點忙也好啊。」但其實他不滿的對象只有弟弟。不管弟弟妹妹是否都已經結婚，或者是否都和親家父母分開住，結果是一樣的。

說得更清楚一點，以上述這個兒子照顧者的例子來說，弟弟至少每隔一週會來代替哥哥照顧父母，但是妹妹每個月大概只回來探望父母一次。儘管弟弟確實比妹妹住得離父母更近，但是兩人都要花上一個小時才能回到父母家。

即使是這樣，他還是只對弟弟表達不滿，我想這是因為，他認為沒有理由免除男性手足的照顧責任。

推翻「兄弟姊妹平等」的父母

一旦兒子照顧者因為意識到（或同情）「媳婦角色」而免除姊妹的照顧責任，互惠性理論就失效了。

誠如前面所說的，兒子照顧者會搬出互惠性理論來解釋兄弟的照顧責任跟自己相同。但是，如果互惠性理論凌駕於其他理論，那麼不論婚姻狀況如何，都應該要求姊妹分擔同樣的責任吧？

然而實際上意識到「媳婦角色」的兒子照顧者，並未提到姊妹跟自己的照顧責任是同等的。

反過來說，沒有（或是不想？）意識到「媳婦角色」的兒子照顧者，基於互惠性理論，也會要求姊妹負起同等的照顧責任。他們認為，不論姊姊或妹妹都應該來照顧父母，所以會期待能夠盡量與她們同等分擔，假如分擔結果不如意，就會心生不滿。

若是這種情況下，兒子照顧者對姊妹或對兄弟的看法就沒有明顯的不同。

最讓這類兒子照顧者感到煩惱的是，除了自己以外，所有的人都想用「媳婦角色」替姊妹免除責任。尤其是被照顧的父母，如果他們特別強調女兒的「媳婦角色」，那麼兒子照顧者的立場確實很不利。

在高齡的父母當中，也有人很在意嫁出去的女兒身為「媳婦」的面子，未必樂意女兒回娘家照顧自己。這時候，姊妹就成了被照顧者心中「最不想要的照顧者」。

假如事已至此，就算兒子照顧者再怎麼搬出互惠性理論要求姊妹分擔，他的努力也會敗給另一種牢不可破的原則——所謂的「被照顧者的要求」，姊妹的立場就會變成：

「我們也想幫忙照顧爸媽，但是爸媽不希望我們照顧，我們也沒辦法啊。」

「不請自來，真是煩死了」

關於兒子照顧者對姊妹的看法，還有另一個影響因素，那就是她們幫了什麼忙、又是如何幫忙。

如果姊妹想要全面性地、自發又積極地參與照顧的話，很可能會引爆兒子照顧者心中的不滿。

這裡所說的自發、積極地參與，包含了下列方式：

舉例來說，為了幫忙做家事或照料日常生活，即使主要照顧者沒有要求，她們也會逕自回娘家，定期檢查父母的生活環境，一旦發現哪裡做得不夠好，就立刻對負責照顧的兄弟下指導棋，甚至會關注兒子照顧者的狀況，毫不保留地提出建言和意見。

或許有人會說，手足如此關切照顧的情形，對兒子照顧者來說幫助不是很大嗎？但是在兒子的眼中，姊妹這樣參與有時候只是過度干涉。

比方有一位兒子照顧者就很苦惱，因為他的姊妹頻頻回娘家幫忙收拾，但那種感覺卻像是趁著父母無法自主動手時，隨她自己的喜好任意擺設家裡。此外，許多姊妹會「想讓兄弟做得更好」，而對他們提出一些建議（「你要不要試試看這樣做、那樣做」）；但是站在負責照顧的兄弟的立場，他們會感覺自己的做法老是被否定，有時候會感到很厭煩。

當兒子照顧者心中的不滿情緒高漲，也不免會責備姊妹：「我每天照顧爸媽，最了解情況的人是我」、「妳只不過偶爾才來，不要什麼事都自作主張」；而姊妹多半也會不甘示弱：「我是擔心才來幫忙的，你怎麼反而這樣怪我。」於是演變成激烈口角。

有不少兒子照顧者表示：「手足如果能和睦地照顧父母是最好的；但是多半從一開始照顧的時候，（關係）就變得很糟糕。」而這裡所指的「手足」，多半是指姊妹。

當然，也有些兒子照顧者對於姊妹自發、積極地參與表示肯定。一位照顧者說，有些照顧工作自己很難做，譬如母親在家裡洗澡時需要有人看著，或是需要購買女用內衣褲等，當時姊妹都積極地幫忙，所以他很感謝。

特別是意識到「媳婦角色」的兒子，對於姊妹能經常來幫這些忙，更是衷心表示感謝，認為「真的幫了我很大的忙」。

可是，他之所以能真誠感謝姊妹自發、積極地參與，是因為姊妹扮演的是「協助」

角色。

換句話說，當（感覺）姊妹自發且積極地協助那些對父母來說必要、但是自己無法做到的事時，兒子照顧者就會善意地接受姊妹的介入（當然，接受的前提是，某種程度上兒子可以自主判斷哪些是父母需要的、哪些是自己做不到的）。

如果情形正好相反，尤其是照顧者自認已經在做，或覺得沒必要做的事，姊妹卻來插手，甚至「下指導棋」（站在姊妹的立場或許是提出建言和意見），那麼兒子照顧者就不可能感謝她們的參與了。

如果發生上述這種情況，兒子照顧者對姊妹的態度，會漸漸地從「即使沒有拜託也希望妳來」，到「明明沒有拜託妳還是來了」，最後變成「乾脆不要來，我反而比較輕鬆」。

或許對兒子照顧者來說，最自在的分擔方式與其說是「協助」，倒不如說是近似「分工」。換句話說，不是把同一件工作交由兄弟姊妹一起完成，而是決定好各自能夠承擔的工作或時間，採互不干涉的型態，每個人都分別專心做好分配給自己的事。

因此，當姊妹想要跨越被分配的「界限」（對兒子來說很難做到的照顧任務）給予協助的話，儘管客觀來看算是貢獻，但在兒子眼裡恐怕還是過度干涉。

誠如我前面所說的，當姊妹想要全面性地參與照顧，非常有可能引爆兒子照顧者的不滿，原因就在這裡。

難應付的姊妹，好處理的兄弟

看完之前的說明，或許有人已經發現：兒子照顧者對兄弟的不滿跟對姊妹的不滿，有著十分鮮明的對比。

也就是說，對兄弟的不滿（主要是長子對弟弟的不滿），大多是對態度消極感到不滿（「一個口令一個動作」）；相反地，對姊妹的不滿，多半是來自對方的過度干涉（「馬上就來指手畫腳」）。

雖然很多兒子照顧者對兄弟感到不滿，但是鮮少發生像跟姊妹那樣的激烈衝突，這可能也跟不滿的理由不同有關吧。說得更直接一點，就是兄弟比姊妹「好處理」。

「一個口令一個動作」的手足或許也會帶來壓力，但是跟「明明沒有拜託卻還是來了」的手足相比，還算能控制。因為「一個口令一個動作」的兄弟，至少「被要求的話還是會動」，或是「會按照被要求的去做」。

而且，消極的兄弟似乎不會在意其他手足的做法，因此也不會插嘴表示意見。有些兄弟甚至要兒子照顧者再三催促才會來探視父母，然後該做的事情一件都沒做就拍拍屁股離開了。

兄弟用這種態度參與，兒子照顧者當然不會滿意；然而也因為對方態度消極，自然不太可能跟照顧者爭論照顧的方式。

當然，積極的態度並非只發生在姊妹身上，也有一些兄弟會很積極地想要參與照顧。在這種情況下，跟兒子照顧者起衝突的或許就是兄弟了。

不過，就我以往所見過的案例，一旦兒子成為主要照顧者，會因為擔心父母情況而主動跑來關心的，大部分都還是姊妹；因此，容易針對照顧方式起爭執的，我認為還是兒子照顧者跟他的姊妹。

不肯乖乖接受幫助的男人心——自立和自律的感受

若是從男人和男子氣概的心理學（the psychology of men and masculinities）角度，解讀兒子照顧者不願意把姊妹自發積極的參與，單純地視為「對自己的幫助」並坦然接受的心理，關鍵字就是「控制權」。

根據這個領域的權威麥可．艾迪斯教授的說法，要讓男人接受「插手參與的那雙手」，條件之一，就是讓他感覺到即使接受別人的介入，也不會失去自己的控制權[10]。

換句話說，男人只有在不失去自立（「即使自己一個人也做得了」）和自律（「只有自己能控制自己」）感受的情形下，才會容許別人介入。

這些感受一旦受到威脅，他就會拒絕對方介入，或是跟逐步靠近的對象保持距離。艾迪斯表示，任何人都有些許這種傾向，但是男人特別強烈。

艾迪斯運用這種心態，解釋當男性聽到「你的身體狀況好像不太好，最好去讓醫生檢查」時，為什麼都會藉故不肯去醫院。根據他的說法，這是因為男人若是接受別人的建議，就會同時喪失自立和自律的感受。

所謂「去找醫生求助」，單單這個行為就讓男人的自立感（「即使自己一個人也做得了」）受到威脅（事實上，心理學已經證實，男人面對疾病時，多半會拖到無計可施

10 Addis, M. E., & Mahalik, J. R. (2003). Men, masculinity, and the contexts of help seeking. *American Psychologist*, 58, 5-14.

才去醫院）。

除此之外，如果是接受他人的建議而就醫，代表這個決定不是經過自己判斷，而是聽從別人的判斷，這會讓男人覺得連自律感都受到威脅。

由於討厭喪失「雙自」的心理作祟，男人越是被提醒「最好讓醫生檢查」，越是猶豫不肯去醫院（順便一提，艾迪斯指出這個行為的背後，存在著「男人的身心都必須堅強才行」的「男子氣概規範」）。

整體來說，這種猶豫比較常出現在男性身上，但也不一定只有男人會這樣。

不過，若按照艾迪斯的理論思考，就不難推斷為什麼兒子（照顧者）容易跟自發且積極參與照顧的姊妹起衝突。主動參與的姊妹或許真的能提供協助，但是那些協助很可能威脅到兒子照顧者自己的控制權。

如果姊妹自發且積極地幫助，能夠彌補兒子照顧者的不足（也就是那些必要、但是自己無法做到的事），那麼這些「協助」就不容易損害到兒子的控制權。因為對他們來說，無法做到的事，就屬於自己無法控制的範疇，姊妹的介入能夠幫他彌補這些不足，代表這樣的「協助」能夠消除兒子對失去控制權的不安。

而且如果那些協助是自發性的，不是自己硬是「拜託」來的，那就不會威脅到自立的感受。

然而，如果姊妹的幫助超過這個範圍，或是對照顧方式下「指令」，就會侵犯到兒子照顧者的控制權。因此，與其說他們不肯乖乖接受姊妹的參與，不如說是那種非抵抗不可的心理又開始作祟了。

控制權的理論也可以解釋為什麼兄弟之間很少在照顧這方面起衝突。因為消極參與的兄弟不會威脅到自己的控制權。而且假如兄弟是「一個口令一個動作」，那就表示「下了口令就會動」，他們的存在反而證明了自己對於照顧狀況擁有控制權。

兒子照顧者跟自發且積極參與的姊妹發生衝突，背後其實隱藏著不肯乖乖接受幫助的男人心——當然，研究男人和男子氣概的心理學者或許會說，這終究只是一個假設。

會期待姻親手足協助嗎？

如果兒子照顧者自身未婚，但是兄弟姊妹已婚的話，就會出現所謂的「姻親手足」（手足的配偶）。

那麼，兒子照顧者是如何看待這些姻親手足的照顧責任呢？

首先舉姊妹的配偶為例，也就是姊夫或妹婿——基本上我們只能把他們視為姊妹在照顧（或是姊妹應該照顧）的人。我到現在還沒遇過任何兒子照顧者認為自己的姊夫或妹婿應該負擔照顧責任。

至於兄弟的配偶，也就是嫂嫂或弟媳，他們又是如何看待呢？

最初，我以為兒子照顧者會指望這些女性親屬來分擔照顧工作。因為許多研究報告都指出，主要照顧者如果是女兒的話，她們都會期待自己的嫂嫂或弟媳能夠幫忙分擔。

可是，在兒子照顧者當中（至少是我目前所訪談的兒子之中），沒有一個人希望嫂嫂或弟媳分擔責任。兒子照顧者期待能夠分擔工作的還是兄弟本人，只有在談到兄弟應該分擔何種程度的責任時，才會特別提到他們的妻子。

舉例來說，某位已婚的兒子照顧者，他的弟弟同樣已婚，但因為孩子還小，所以不肯來幫忙，令他心生不滿。他之所以感到不滿，在於弟弟不可能是自己一個人看顧孩子（因為弟媳應該也會照顧小孩）。

然而在他自己家中，從照顧父母到照料孩子全都仰賴妻子。他認為弟弟如果也能像自己一樣，讓妻子多花時間照顧孩子，那麼就能多照顧父母一點。

換句話說，他不期待弟弟的妻子幫忙照顧父母。他期待的終究是弟弟，因此認定既然有妻子持家，那麼弟弟分擔的照顧工作就不能那麼少（他應該可以分擔更多）。

另一位兒子照顧者則指出，兄弟的妻子反而是讓他覺得「還是自己照顧比較好」的原因之一。他本人未婚，排行老二，同時也是「繼承家業的兒子」。

他認為，大哥如果能跟父母同住，或許大嫂可以照顧父母。可是據他表示，大嫂看來並不想照顧公婆，加上自己是「繼承家業的兒子」，理當負責照顧父母，所以他還是覺得，目前由自己照顧的狀況是最理想的。

歸根究柢，在兒子照顧者的主張中，針對兄弟應盡的照顧責任，兄弟妻子的存在宛如「變色龍」。當他認為兄弟應該分擔更多，兄弟的妻子就成為原本可以促成這件事的人；相反地，當他認為必須由自己看顧而非兄弟時，兄弟的妻子又成了支持他想法的根據。

然而，不論從哪一種情況來看，至少兒子照顧者都不認為兄弟的妻子應該直接和自己分擔照顧工作。

從家庭中會將無薪的照顧工作分派給女性的「性別分工」觀念來看，兒子照顧者在比較照顧責任多寡時，舉出來的比較對象不是身為女性的兄嫂或弟媳，而是同為男性的兄弟，這一點頗令人意外。

由此看來，「兒子的照顧責任應該是同等的，唯獨繼承家業的兒子例外」的說法，確實得到了印證。

假如沒結婚的話就託給她了？

誠如前面所提到的，我訪談的兒子照顧者的姊妹全都已婚。假設他的姊妹是單身，兒子還會承擔照顧者的任務嗎？

我想答案不是不可能，但是機率也很低。我在訪談中半刻意地詢問兒子照顧者的家庭成員狀況，了解他們的家人類型不盡相同；但是到現在為止，我還沒遇到任何一位姊妹未婚的兒子照顧者。

我認為這個事實給我們的啟發是：假如有單身姊妹，兒子成為主要照顧者的概率就很低。

而且還有許多兒子照顧者清楚表明：「如果我有單身的妹妹，我一定會在經濟方面全心全力支援她，希望她能代替我全天候照顧父母。」

或許還是受到社會觀念影響，雖然現在什麼都平等了，但是女性收入較低仍然是不爭的事實。所以說，今天假設我有妹妹，也很難開口要她『賺得跟我一樣多』。因此我會跟她說，錢的部分由我補足，相對地，『直接照顧』的部分就由她幫我多分擔一些。

換句話說，將照顧工作託付給單身的姊妹，在這個男女收入有明顯差異的社會，可說是「合理的」決策。

男性也好，女性也罷，一旦必須照顧父母，勢必影響到工作，也就是經濟來源。而在這個社會上男性的收入往往較高，那麼為了照顧父母而辭掉工作，所受到的經濟損失一定是男性大於女性。

既然如此，男性專心在自己的工作上，照顧則託付給姊妹，彼此合作就可以減少「損失」。

兒子認為，姊妹因為辭掉工作而蒙受的損失，可以由自己賺錢來彌補。因為付出同樣的工作時間，男性所獲得的報酬不但能補足姊妹原本的收入，甚至還超過。

從兩性各自在勞動市場的地位來看，這個理論或許有其說服力。而實際上，八成有很多單身的姊妹是基於這個理論而受託照顧父母。我想正是因為如此，才一直遇不到有單身姊妹的兒子照顧者。

但是，假使手足之間是依照這個理論分工照顧父母，單身姊妹的經濟來源就必須持續依靠兄弟，而且極有可能延續到父母離世之後。

因為等到照顧結束時，姊妹往往也到了中高齡，這樣的年紀已經不容易找到薪資足以讓自己經濟獨立的工作了。

就這一點來看，姊妹的「損失」可是一點也不小。

(三)「準備周全」的兒子很少見

不論有沒有手足，照顧說來就來

以上內容，主要是觀察兒子照顧者如何看待他的兄弟姊妹。

誠如一開始所說的，兄弟姊妹對兒子而言，或許是可以代替自己成為主要照顧者的

「候補人選」。在了解兒子照顧者如何看待目前的狀況後，這些「候補人選」的存在，也成為非常重要的一環；但是以往有關兒子照顧的書籍，幾乎未曾觸及他們對手足的看法，而這也是我撰寫本章的動機。

話說回來，假如沒有這些「候補人選」，兒子在考慮自行承擔照顧工作之前，會試著採取什麼準備措施嗎？

和來自不同家庭背景的兒子照顧者談話後，我發現，事先「準備周全」的兒子其實很少。而且在照顧前是否先準備好，似乎跟有沒有其他「候補人選」沒有任何關係。

我認為，其中的確有些兒子在承接照顧工作前，做好了某種程度的準備。他們不可能馬上適應照顧工作，但是他們視「照顧」是讓自己心理成長的機會，在言談中也肯定自己的照顧經驗，這一點讓我印象深刻。

同時，他們有著跟其他兒子截然不同的背景。

其中一個共同點是，因為某些因素，他們很早就意識到父母有一天會需要照顧（譬如父母的年齡比同輩男性的父母大很多、自己從未成年時期就經常陪伴父母進出醫院、照料父母已經是半例行公事等），而且預先做好準備，以便順利進入照顧模式（譬如確保離職或辭掉工作後有其他收入來源、早早改為不必每天出門上班的工作型態等）。

但是對於大多數沒有預先做好準備的兒子照顧者來說，在心理和物質層面都還沒有準備好的情況下，照顧工作往往說來就來，這一點跟有沒有其他「候補人選」一點關係也沒有。

事實上，客觀來看，有很高機率會成為照顧者的兒子中（比方單身又是獨生子的兒子、兄弟姊妹當中只有自己住在老家的兒子），也有不少人表示：「老實說，我從來沒想過我能夠做到這樣的事（亦即照顧父母）。」

心知父母老邁、心知遲早要照顧他們……但還是來得太突然了

順便一提，有照顧父母的意願或意識到父母已經老邁，跟預見父母有一天將需要照顧而事先做好一些準備，完全是兩碼子事。

舉例來說，前面提到多位長子說過「自己會承擔照顧工作是『偶然』」，包括他們在內，我所訪談的兒子照顧者幾乎都有意願參與照顧，也都曾「想過如果父母上了年紀，自己要照顧他們」（但並不代表想自己一個人照顧）。

可是一旦請他們回想當時的情形，譬如是否有人問過父母的想法（想要受到什麼樣

的照顧），或是考慮過假如自己不能照顧的話，還有什麼選項可以運用——結果是幾乎都沒有。

心知父母已經老邁，不一定就能預先做好父母需要照顧時的準備。某位獨生子照顧者曾自我反省：「我那時覺得不管年紀再怎麼大，（父母）總會有辦法過活，以前的想法或許很模糊。」就算感覺到父母老邁，但很少有兒子照顧者會真的想到父母親已經處於需要照顧的狀態。

我認為，兒子在認知父母已經需要照顧這件事上或許比較遲鈍。根據我將在第四章詳細介紹的社會學家莎拉·馬修斯的看法，跟女兒比起來，兒子傾向認為父母自己一個人其實（也還）可以過日子[11]。

事實上，在我訪談的兒子照顧者當中，主動發覺父母的認知功能出現異狀的人少之又少。

---

11 Matthews, S. H. (2002). Brothers and parent care: An explanation for sons' underrepresentation. In B. J. Kramer & E. H. Thompson, Jr. (Eds.), *Men as caregivers: Theory, research, and service implications* (pp. 234-249). New York, NY: Springer.

我不斷聽到背景不同的兒子照顧者說出諸如此類的話：「現在回想起來，其實爸媽很久以前就有這樣的徵兆了」、「我知道他的樣子怪怪的，但我以為年紀大的人都是這樣，所以沒去理會」。

某位兒子照顧者曾表示，他母親出門沒辦法自己回家，好幾次得靠警察或當地人士幫忙照顧，可是他也不覺得特別奇怪。最後還是在母親朋友的強烈建議下，才帶母親去醫院檢查。

他表示，當時自己在旁邊看著母親接受認知功能測驗，心中驚訝萬分——退休之前一直在銀行工作的母親，竟然已經連簡單的減法都不會算。他說：「我媽是個可靠的人，也會希望自己表現出來的是穩健可靠的樣子，或許是因為這樣我才沒留意，其實早在很久之前，她就已經出現各式各樣的失智徵兆了。」

這位兒子照顧者是跟父母分開住，但其實就算住在一起，也不可能馬上發現父母已經漸漸出現需要照顧的徵兆。因為有些和父母同住的兒子照顧者，平時因為工作的關係早出晚歸，也不太會注意到父母的情況。

事實上，注意到父母出現異狀的人，往往是鄰居或父母的朋友，不見得是近在身邊的兒子。

所以，兒子才會覺得自己「突然」開始要照顧父母。就算是心中有照顧的意願，甚至早已意識到父母老邁，一旦真正面對父母已經需要照顧的事實，或許對兒子來說都還是非常「突然」。

從以上幾位兒子照顧者的經驗，我們可以了解到，兒子多半不容易意識到父母需要照顧的徵兆。我以為人子的身分提出這一點，其實也是希望自己引以為戒。

第4章

兒子照顧者的「照顧方法」及觀點

身為男性的難處與希望

本章將思考兒子照顧者本身如何看待「兒子照顧」這件事。

誠如第一章所述，照顧家人的男性雖然逐漸增加，但是主要照顧者依然還是女性佔多數。在兒女輩照顧父母輩的兩代間照顧中，男女的比例還是明顯偏向一邊的。目前來說，「媳婦」是家族制度下最被期待擔負起照顧工作的人（但也正在逐漸減少）；另一方面，「女兒」則是被照顧者（父母）最希望能照顧自己的人，因此大部分的兩代間照顧都由這兩種人承擔，「兒子照顧者」還是停留在極少數。

直到現在，照顧仍然可以說是「女人的工作」。

那麼，兒子照顧者是如何接受、完成自己承擔的「女人的工作」呢？傾聽來自不同背景的兒子照顧者的心聲，就會知道他們的接受方式、投入方式也各有不同。誠如有關男性照顧的報導或討論所指出的，假如有兒子因為自己是男性而感到為難，相反地，也會有兒子發現男性的優點而泰然以對。

我想在本章中，以之前的訪談內容為基礎，同時考量兒子照顧者所面臨的問題當中，經常被舉出來做例子的家事技能、異性間的照顧（如兒子照顧母親）、工作如何兼顧等問題，總結「兒子照顧者的『照顧方法』及觀點」。

(一) 男人對男人做家事的看法

技能不足「到我們這一代為止」

該怎麼做好不習慣做的家事呢？

這是經常被點出的、男性照顧者最常面臨的課題之一。

很多男性是在投入照顧之後，才開始學習一個人做家事。

照顧父母之前幾乎沒有動手做過家事的兒子照顧者，佔了這次訪談者中的一半。而且很多人都告訴我，所有家事當中就屬煮飯最難。

好幾位兒子照顧者都說從開始照顧到現在，幾年下來，自己還是只會做那幾道菜，每天輪流上桌，再難的菜色他們就不會了。

但是另一方面，認為「男人很難做好照顧工作」的受訪者之中，幾乎沒有人認為這只是因為他們不擅長做家事。

尤其部分兒子照顧者會想辦法解決自己不擅長家事的問題，他們也很清楚地表達了看法：「包括做家事在內，擅長或不擅長照顧工作與性別無關，純粹只是技能問題。」也就是「回歸技能本位」。

六十多歲的宗田先生，也是在幾乎沒有家事經驗的情況下，開始投入照顧工作。他每天從家裡走十分鐘左右的路，到母親的住處照顧她。自家的家事泰半是妻子在做，而來到母親家，他則必須代替坐輪椅的母親，一手包辦掃地、洗衣、煮飯和洗碗。

宗田先生說：「老實說，我覺得如果能多做一些會更好。」很後悔以前沒有多幫忙做家事。

但是他也表示「完全沒有」產生過「如果我不是男人，說不定可以做得更好」的念頭。

根據宗田先生的說法，這單純是經驗的問題，只是因為自己以前做得太少了。他認為，包括家事在內的照顧工作，並非簡單地二分為適合男人或女人來做，而是基於照顧前的準備，也就是根據技能的多寡，所以才會有人覺得容易，也有人覺得難。

只是，社會的現況是「男人一輩子不用做（家事）也沒關係」，宗田先生表示：「我認為這只是因為平均來說女性比較會做好準備。」

宗田先生還表示，他預測未來男性和女性的差異會慢慢縮小。不同於他們那一代還可能抱持著「君子遠庖廚」的觀念，在他們的下一代，習慣做家事的男性將會越來越多。甚至未來可能是「男人會做菜才有魅力」的時代，宗田先生的兒子們也都是一個人生活，他們至少都能自己包辦所有必要的家事。

他認為，那些就算被說「男人很難做好照顧工作」，也還是不肯好好做準備的男人，應該會在他這一代終結吧。

「我是男人」的藉口

有人認為，家事做得不好會形成壓力，讓照顧漸漸變成一種負擔。這是不擅長家事的男性才有的照顧負擔感。

乍聽起來好像很有道理，可是受訪的兒子照顧者卻似乎都不這麼認為。

他們當中的確有人因為家事而產生照顧壓力。

但這並不是因為他們完全不會做家事，而是覺得每一件家事都做得不滿意。而且做家事太花時間，往往轉眼間一天就這樣過去了。

因此，即使把父母送到日間照顧中心，白天還是無法休息，得匆匆忙忙趕著做家事，偏偏家事還沒做完，父母就又回來了。日復一日過著這樣的生活，正是某位兒子照顧者的真實寫照。

可是，家事做得不好，真的會成為所有兒子照顧者的壓力嗎？這樣的說法未免言過其實。不擅長做家事是男人的「一般」形象，因此也有兒子照顧者乾脆看開了，認為「做不好也是沒辦法的事」。

大伴先生（四十多歲）對自己差強人意的家事技能，打了勉強及格的分數：「身為男人，我想最多也只能做到這樣吧。」

與父親同住的大伴先生，是因為照顧父親的母親突然過世，於是接手成為照顧者。由於在那之前，所有家事都是母親一手包辦，因此他完全不具備照顧上所需要的家事技能。

因為不能依靠患有失智症的父親，在這樣的情況下，大伴先生不得不開始做家事，這對他來說幾乎是第一次體驗，所以根本不可能做得好。除了不擅長做飯，掃地和整理家務也馬馬虎虎，就如他自己所說的：「我老媽看到的話，一定會生氣。」

不過，大伴先生覺得不會做家事並沒有什麼不妥。四十多年來沒做過的事不可能一下子就做得好，更重要的是自己是男人——或許有些男人很擅長做家事，但是「一般」

男人都不擅長，所以自己不會做也是理所當然的。

他說：「總之，我就是一個不會做家事的男人。」對自己不擅長家事這件事一笑置之。至於做飯，他覺得何必非得勉強自己費心煮飯呢？畢竟現在這個時代，營養又好吃的熟食到處都買得到，真的需要的時候再去買就好了。

此外大伴先生認為「積一點灰塵又不會怎麼樣」，所以打掃工作等休假時再一起做就行了。

或許是為了保住自己的面子，大伴先生表示，他也不是像自己說的那樣，用草率的態度來照顧父親。

舉例來說，如果只挑自己喜歡的東西煮的話，可能導致父親營養不均衡，因此他也請從小認識的女性友人教他幾道簡單的蔬食料理（例如燉菜），雖然無法每天做，但好歹能定期端上桌。因此，大伴先生雖然用滿不在乎的口氣談論家事，但與其說他是草率輕忽，倒不如說是豁達，不會過度在意自己做得好不好。

而他之所以可以豁然地面對，也是因為「男人原本就不擅長家事」的「一般」印象。

「反正我就是那種男人」成為男人的藉口（託詞），如此一來，就算家事做得不好也不會感到壓力。

「若是女性應該可以做得更好」!?——自我評價低落的原因

以大伴先生的情形來說，所謂「不會做家事的男人」的身分，有助他肯定自己的技能或掌握所處的狀況；但是相反地，這樣的身分也會讓兒子照顧者給自己的家事表現打很低的分數。

舉例來說，在受訪的兒子照顧者中，一直照顧母親的金澤先生（四十多歲），就從頭到尾都給自己的家事能力負面評價。

他母親的身體功能幾乎沒有衰退，所以吃飯、行動或如廁等生活上的ADL還不需要協助。可是因為罹患失智症，偶爾會漫無目的地四處遊蕩，因此必須有人經常守著她。

從事自由業的金澤先生，大部分時間都待在家裡。遇到無法送母親去日間照顧中心的日子，因為怕她不知道會跑到哪裡去，所以整天都必須盯著她才行，也使得他無法集中精神工作。

除此之外，他的母親有時是在夜晚漫無目的地遊蕩，金澤先生表示：「我說什麼也不放心，只要聽到一點聲音就立刻跳起床」、「只有在（母親）送去短期照顧中心時，我才能一整夜好好睡覺」。

他表示，為了看護母親，自己已經身心俱疲，做飯也越來越偷工減料。現在他多半是炒個飯或煮個烏龍麵就打發一餐，有時候就算自己累到沒有食慾，為了不讓母親餓肚子，也必須打起精神到最近的便利商店買便當給她吃。

金澤先生表示，每次遇到這種時候他就會想，如果自己是女人就好了。他認為：「如果是女人，遇到這種（疲累的）時候，一定能利用現成的飯菜，加些巧思變出新的菜色。」

以金澤先生的情形來看，他對於「不會做家事的男人」的身分，似乎抱持很悲觀的看法，也影響了他的技能和所處的狀況。

事實上，即使是女性，也會因為照顧太疲累，而漸漸感覺做飯很痛苦吧。金澤先生的想法則是把自己嫌家事麻煩的原因歸類為「自己是男人」，也就是「不擅長家事」，認為如果自己是女性，就能輕而易舉解決困難。

在他給自己低分的背後，不只有「男人不會做家事」的男性刻板印象，還有「女性無時無刻都能把家事做得很好」的想法，將女性形象理想化了。

他心目中之所以有那種女性擅長做家事的形象，或許是因為身邊缺乏有照顧經驗的人，特別是有照顧經驗的女性。

舉例來說，某位受訪的兒子告訴我，他跟大學時代就認識的女性友人聊天時，聽她說：「每次回娘家照顧母親，當天晚上回到家都很累，所以那天會只煮白飯，配菜就在百貨公司樓下的超市買一買。」從此他才釋懷道：「那時我才知道原來大家都是一樣的。」

從訪談中可以了解，金澤先生的身邊沒有可以讓他分享照顧經驗的對象。因為他單身、沒有比較熟的朋友，就連工作也在自己家裡，每天都關在家中。他能夠跟別人談話的時機，大概只有工作上互相討論的對象，或每二到三個月陪母親就診時在醫院跟醫生或護士說話，抑或是跟定期來訪視的照顧管理專員聊聊。

因為沒有機會跟認識的朋友單獨聊天、聽別人談論他們的照顧經驗，因此他並不知道沒有人是完美的，才會自認為「因為我是男人，所以會偷工減料」、「女人的話，就算再累也能好好煮一頓飯」，而且這些觀念在他心中可說根深柢固。

想要更上手的男人們「可以依賴的訓練師」

從以上可知，兒子照顧者對於男性和家事，以及男性本身的家事能力，看法不盡相同，有些人因為不會做家事而產生壓力，有些人則不會。

那麼，假使兒子照顧者對自己現有的家事能力感到不滿，或者希望更進步時，可以做些什麼樣的訓練？是否有人可以訓練自己做家事？

以已婚的兒子照顧者來說，可以針對家事能力給予訓練和建議的人，多半是妻子。如果已婚的話，自己家裡的家事大多是妻子幫忙做；但是跟父母分開住的兒子照顧者，至少去父母家照顧時，會被要求做父母家中的家事。

這時候，要是做得不好或完全不知道該怎麼做，不是當場打電話給妻子，就是回家後再問，請她指導或提供解決的方法。

尤其是照顧母親時，很多兒子照顧者都不清楚如何清洗或整理女性衣物和內衣褲，這時候，跟母親同為女性的妻子所提供的建議就能發揮很大的功效。

如果是單身的兒子照顧者，姊妹（但必須附帶前一章所提到的條件）或是異性朋友，有時候也是家事指導的重要支援。

以某位兒子照顧者為例，他會跟住在附近、從小認識的女性友人一起去超市買東西，對方還會邊買邊提供菜單：「像這個和這個可以一起煮，不錯吧？做法又很簡單。」

另外還有一位兒子照顧者有一位異性朋友，原本只是單純的「點頭之交」，後來對方成為他家事資訊的來源，甚至是重要的商量對象，開始照顧工作之後，他們聯絡的次數越來越頻繁，現在更「升格」為最重要的好朋友。

相反地，也有許多照顧者告訴我，他們遇到家事相關問題需要找人討論時，這些同性朋友都「幫不上忙」，所以開始承擔照顧工作之後，反而比較少和同性朋友聯絡（有關兒子照顧者的朋友關係，詳見第五章）。

另外也有些兒子照顧者不是透過個人的親友關係尋求支援，而是向來家裡幫忙的幫傭學做家事。

外井先生（五十多歲）表示，剛開始照顧母親時，每天晚上都會買些熟食小菜回家給母親當晚餐。因為當時正好工作很忙，再加上自己幾乎不會做飯，所以他覺得買現成的回家還比自己煮來得好。

只不過他經常都是下班後才順路買回家，熟食區裡剩下的菜色種類就很有限，多半只能買限時特價的油炸食物，顯得營養不均衡。而且回家的時間很晚，常常拖到將近晚上十點才吃晚餐。

這樣的狀態持續一陣子之後，有一天定期前來的照服員提醒他，母親的營養狀態不太理想。外井先生當時因為忙於工作，就算注意到母親的狀況也都當做沒事，但仔細回想起來，母親和幾個月前相比，的確變得比較不喜歡動。

外井先生自我反省，認真考慮後，覺得至少晚餐必須好好地吃，於是他跟公司討論後，修改雇用合約，以兼職的方式上班。

只是雖然有了充裕的時間，不懂煮飯做菜的他，也不可能馬上幫母親煮出營養均衡的美味菜餚。經過一番思索，外井先生想到來家裡幫忙的幫傭，於是拜託她多少指點一下做飯的方法，讓他有個參考。

外井先生口中這位「親切又熱情」的女性幫傭，爽快答應了他的要求，不僅示範烹飪方法給他看，還教他如何用菜刀、如何處理不容易煮熟的食材等基本的烹調技術。

外井先生會在不用上班的日子請幫傭來家裡，幫自己「上課」，一點一點地了解食材該怎麼處理，又能煮成什麼樣的菜色。

此外，跟幫傭學了做菜後，他每天煮晚餐時都能實際應用、複習一下。

外井先生說：「雖然絕對談不上好吃，可是我終於擺脫什麼都不知道、老是煮同一道菜的窘境。」

「外部評分」家事技能的必要性

這次受訪的人當中，許多人都是在沒有家事經驗的情況下成為父母的照顧者，這似乎也佐證了一再被提出的論點：家事是男性照顧者面臨的課題之一。

但是，如何理解並接受自己不會做家事，以及如何設定提升家事技能的目標，每個人之間的差異非常大。而且所謂「不擅長家事」的「一般」男性印象，也會影響家事能力的自我評分（不論自我評分的結果是肯定的或是否定的）。

相比之下，與其把不擅長做家事或做起來不順手的焦慮感歸咎於高齡的父母，不如把「身為男人」當做藉口，樂觀看待不擅長家事的自己、不因此累積壓力，這也不算是件壞事。

只是，我有一點擔心，如果兒子過於樂觀地看待不會做家事這件事，可能無法保障被照顧者（父母）的生活品質。

舉前面的大伴先生為例，儘管他嘴巴上說：「身為男人，我想最多也只能做到這樣吧。」但是他並未疏忽父親的飲食，會聽取女性友人的烹調建議，思考如何讓父親營養均衡。然而我相信，一定也有照顧者自認為「最多也只能做到這樣」，所以不特別關心父母的飲食，就這樣讓雙親的營養狀況漸漸惡化。

換句話說，不論是透過親朋好友等個人關係，或是幫傭等正式雇用關係，照顧者都還是需要跟外界交流。重要的是，這樣才能讓照顧者為自己的家事打分數時，有機會得到客觀的評價。

事實上，以外井先生的案例來說，他也因為受到居家照服員的提醒，而產生自覺和意願，開始稍微注意母親的飲食。

跟外界溝通不僅能發現需要反省之處，也不會讓自己因為「不會做」而過度失去信心。我認為，金澤先生之所以會覺得「因為我是男人，所以才連這點事都做不到」，正是因為沒有機會跟其他照顧者比較自己的經驗，才會把事實上換成別人、甚至換成女人也不一定就能做到的事，全部歸咎於「自己是個男人」，並且自認「不適任」，給自己打很低的分數。

我想再強調一次，「不會做家事」這件事，未必會提高兒子照顧者的照顧負擔感。「怎麼看待」不會做家事的自我評分，才決定不會做家事是否會成為壓力來源，以及對於目前的狀況是否會尋求改變（反過來說，是否覺得「現在這樣也沒關係」）

為了不讓自我評分最終成為「只有自己給自己打分數」，兒子照顧者跟外界的連結是非常重要的。

我一再強調必須防止兒子照顧者孤立，原因就在這裡。

(二) 照顧母親的男人心

沒有「難為情」的餘地

思考如何照顧父母時，異性之間的身體照顧也是值得關注的問題之一。幫母親脫衣服、穿衣服、擦洗身體、協助上廁所或是更換尿布，以兒子來說，真的「做得到嗎」？

事實上，也曾有學者指出，有人主張「男性無法照顧」，是因為身體照顧對男性而言是個瓶頸，不只是男性幫女性做身體照顧時會感覺「不舒服」，被男性照顧的女性應該也同樣會感到「不舒服」。

受訪的兒子照顧者之中，談到「因為我是男人所以很難執行」的事務時，不少人都舉出「幫母親做身體照顧」這件事，尤其協助大小便更會讓他們感到困難。不過這些兒子照顧者雖然實際在照顧母親，但他們的母親大部分身體狀況都還沒有惡化，所以照顧資歷還算淺。

以目前的情況來說，他們還不覺得照顧母親時有什麼事情「很難」。準備好飯菜母親自己會吃，上廁所也是扶她到廁所就好，接著她會自己處理。他們表示到現在為止，幾乎沒有遇到「我是男人所以很難做到」的事情。

可是，未來隨著母親的症狀逐漸惡化、身體功能慢慢衰退，他們將不得不面對「侍候大小便」的日子。針對母親的身體照顧，他們吐露了對未來的不安，老實承認有一天或許會對這樣的照顧產生抗拒，同時對自己身為兒子產生負面觀感，覺得「如果自己是女兒就好了」。

另一方面，另一群兒子照顧者的「不安」則已經成為現實，也就是他們的母親已經需要身體照顧了，那麼他們又是怎麼看待這一切呢？

事實上，至少以這次的訪談來說，所有已經實地在幫母親做身體照顧的兒子照顧者之中，並沒有人提到對身體照顧這件事感到「不舒服」，這一點倒是出乎我的意料。不過，他們也確實談到了有關身體照顧的「技術性難度」。

舉例來說，在自家狹窄的浴室裡，很難幫無法自行站立的高齡母親洗身體。要支撐住母親的身體本來就很難了，何況全身淋濕又抹上肥皂，身體會變得更滑，也就更撐不住。

有一位高齡的兒子照顧者表示，他除了要一邊注意不讓「老人家虛弱無力的身體」倒下，還要一邊仔細清洗每個部位，以免殘留肥皂，整個過程神經緊繃，「在家幫她洗完澡後，我常常累到癱在椅子上」。

而經常要更換尿布也不是件輕鬆的事。有位兒子照顧者因為孩子小的時候有過換尿布的經驗，便以為這件事做起來應該很容易，殊不知實際幫母親換尿布之後，才驚覺「自己的想法太天真了」。

母親的身體跟嬰兒不一樣，又大又重，而且因為年紀大的關係，腿彎不太下去，如果姿勢不對就會很痛。這位兒子表示，雖然「已經很習慣」，但是這「依舊是很費力氣的工作」。

而且也不能因為換尿布太辛苦就不換。這位兒子提到，剛開始照顧母親時，尿布不像現在換得這麼頻繁，但或許是因為大小便沾身讓人不舒服吧，母親會把手伸進尿布裡面抓，然後又用那隻手摸臉。他說有一次到母親床邊看望她的情況，卻看見她臉上沾著大便，讓他大受打擊，從此以後，他一定會按時幫母親更換尿布。

這件「體力活」最後變成每天必須重複好幾次的例行公事。這位兒子表示，他申請了居家照顧服務，所以值班的照服員會幫忙更換母親的尿布，問題是只有這樣還不夠。我曾經問過他心裡會不會抗拒幫母親換尿布，他則是一笑置之說道：「要是有抗拒的餘地就好囉！」

可以緩解「難為情」的漸進性過程

實際訪談幾位已經在幫母親做身體照顧的兒子照顧者，他們都沒有提到「不舒服」的感覺，這個結果讓我很意外。

當然，這次受訪的人數有限，所以這個結果不能算是兒子照顧者對於異性間身體照顧的「典型」想法。應該還有很多兒子照顧者即使照顧資歷很長，至今仍不習慣幫母親做身體照顧。

但是，隨著兒子照顧的研究增加，也可以看到一些報告指出，兒子對於母親的身體照顧，沒有一般想像的那麼膽怯。

由於日本幾乎沒有關於兒子照顧的研究，所以我只能仰仗國外的文獻，比方說之前介紹過的加拿大社會學家羅莉．坎貝爾，她曾指出並非所有兒子都對母親的身體照顧感到不舒服[12]。

坎貝爾認為其中的一個原因在於，身體達到必須照顧的狀態前，其實有著一段漸進的過程。

雖說是兒子照顧母親，但並非一下子就從身體照顧開始，而是隨著母親的身體功能下降，漸漸地增加需要接觸到身體的照顧。舉例來說，要經過接觸程度逐一增加的階段後，兒子的照顧才會進入協助母親脫掉全身衣物、幫忙沖洗母親身體的階段。

一談到「由兒子幫母親做身體照顧」，許多人腦海裡就會浮現兒子從一開始就要幫母親洗澡的畫面，而忽略了在這之前的一整段漸進性過程；在實際達到身體照顧這個階段前，會有一段慢慢增加接觸的適應期。

坎貝爾推測，這些兒子之所以對於母親的身體照顧沒有抗拒感，可能就是因為這個原因（事實上在這次訪談中，對於母親的身體照顧強烈表達「不舒服」的，多半是只照顧過父親的兒子，或是母親還不需要身體照顧的兒子）。

集中精神在「照顧本身」而非「照顧對象」

幫母親做身體照顧的兒子照顧者沒有抱怨「不舒服」的原因還有一個——可能是他們有自己的照顧風格。

「解決難題型」的照顧方式，經常被認為是男性照顧者特有的風格。換句話說，他們在照顧時傾向不過度感情用事，嚴肅看待被賦予的課題，冷靜地完成一件又一件照顧工作。

這樣的表現未必是冷淡或不體貼。我的重點是，實際照顧時，他們是集中精神在「照顧」這件事上，盡全力扎實地完成，就像是完成職場上的工作那般全心全意地投入。

然而這種切割情感、把照顧當成「被交付的工作」般處理的行事風格，可能無法緩解幫母親做身體照顧時產生的「不舒服」。

家人照顧家人的難處之一，在於照顧對象是自己的家人，因此各式各樣的情緒都可

---

12 Campbell, L. D. Sons who care: Examining the experience and meaning of filial caregiving for married and never-married sons. *Canadian Journal on Aging, 29*, 73-84.

能會在照顧時爆發出來。比方有人會覺得，對方是撫養自己長大的親人，所以更加擔心他的狀況，有時候甚至會努力過頭，超過自己可以負荷的程度；又或是正好相反，對方是和自己處不來的親人，因為過去有感情上的芥蒂，所以沒辦法好好地照顧他。因此，很多人可能都有過「如果換成陌生人，做起來也許會更輕鬆」的想法。

兒子幫母親做身體照顧感覺「不舒服」的原因，不只在於照顧對象是異性，也因為她是自己的近親。母親是自己最親的人，碰觸母親的身體，會讓人聯想到被視為禁忌的近親間的性關係，因此讓兒子照顧者產生抗拒感。

而秉持「解決難題型」照顧風格的人，不管「對象」是誰，都能暫時性地切割情感，集中精神在如何扎實地完成手上的照顧「工作」。但這樣的照顧態度，說起來，不太可能緩解幫母親做身體照顧而產生的「不舒服」。

由此可以理解，實地幫母親做身體照顧的兒子在談到身體照顧時，為什麼會把焦點放在技術上的困難。

由於兒子照顧者不可能接受特別的專業訓練，因此在幫助高齡母親洗澡等，技術方面確實是困難重重。不過，聚焦在這些技術上的問題，也成為他們的心理建設手段，讓自己不去在意照顧的是「什麼人」，而是集中精神在「怎麼」照顧這件事上。

把注意力轉移到「怎麼做才能順利完成這件困難的事」，就能遠離伴隨著接觸近親——即母親身體而來的負面感受。

照顧保險服務的支援

最後，我還得強調一件事，那就是納入照顧保險制度下，會比較容易利用照顧服務。

舉例來說，在這次的受訪者中必須幫父母洗澡的案例，不是由幫傭負責，就是父母會在日間照顧中心沐浴。因此一星期當中，兒子需要自己幫父母洗澡的時間，僅限於從離開日照中心當天至下一次到日照中心的期間，以及大小便明顯弄髒身體的緊急情況。

然而，日間照顧中心不可能包辦所有父母的身體照顧，有些事情終究得由兒子自己去做，這時候可能就不得不接觸異性近親的身體。

不過日間照顧中心如果能幫忙承擔更多身體照顧的話，兒子照顧者就不需要搬出「解決難題型」的照顧風格來面對身體照顧，換句話說，也不需要經常切割隨著身體照顧而來的情感。

考慮一下老媽的感受……

不過，伴隨身體照顧而來的「不舒服」，就算兒子本身妥協了，也不表示接受照顧的母親沒有抗拒感。

只要母親需要身體照顧，做兒子的不論如何都必須做好心理準備，然而換個角度想，母親必須接受兒子這樣照顧自己，真的會感到幸福嗎？也有兒子照顧者在訪談中提出了這種不確定感。

佐武先生（五十多歲）是一位母親需要身體照顧的兒子照顧者。

剛剛開始照顧的時候，母親曾對他發牢騷：「沒想到我也有讓兒子做這種事的一天」、「讓兒子做這種事，我真是丟臉」。

當時，母親還不需要身體照顧（那些話是對著正在準備飯菜的佐武先生說的），之後過了將近八年，她的症狀越來越嚴重，現在連上廁所也需要協助。有時候甚至會忘記佐武先生是自己的兒子，於是也漸漸不再抗拒由兒子協助上廁所了。

但是，每次回想起母親當時的那番話——不認同應該由兒子照顧自己——他就覺得依照母親的想法，假使她的認知功能沒有衰退到這個地步，應該會更討厭像這樣被兒子照顧吧。佐武先生表示，這樣的念頭一直在他的腦海中盤桓。

當然，需要協助母親上廁所時，他會主動去幫忙，但這是不是母親真正想要的幫助，他卻沒有信心，而且也無法求證了。佐武先生心想，在照顧中產生的抗拒感，與其說是來自自己，倒不如說是來自母親，但他也就這樣抱著矛盾的心情，每天繼續協助母親大小便。

母親倚賴我這個兒子——自信提升的瞬間

一般而言，做母親的對於被兒子協助身體照顧，大都會產生抗拒感，可是反過來說，如果是母親希望由兒子做身體照顧（更貼切的說法是，兒子可以確定這是母親的希望時），會讓身為照顧者的兒子因此建立起自信。

尤其是在有女兒（兒子照顧者的姊妹）的情形下，通常母親會比較希望由女兒來做這樣的貼身照顧，所以「比起女兒，更希望由兒子來做」的態度，對兒子來說影響力更大。

戶野倉先生（六十多歲）每天從自己家開約二十分鐘的車到母親家，往返照顧她。

已經退休的他，白天幾乎都在母親家度過，不過妹妹每星期會來一次，讓他有時間出門透透氣。

可是，母親似乎討厭戶野倉先生以外的人陪她上廁所，即使是他妹妹也一樣。因此他母親常常在身邊只有女兒陪伴、又想去上廁所的時候，四處尋找戶野倉先生的蹤影，不斷問：「他跑去哪裡了呢？」

戶野倉先生笑著說：「上廁所指名找我，也沒什麼好開心的就是了。」然而「雖然對妹妹很抱歉，不過這也代表我是老媽可以百分之百依賴的人」，身為「可以依賴的兒子」，讓他充滿自信。

他說：「通常遇到這種情況，應該是拜託女兒協助才對。」他知道身為母親，一般都不希望兒子幫她做身體照顧，但是在可以選擇女兒協助的情況下，還是指名由他這個兒子來做，「應該是因為老媽認同我的做法吧」。

正因為母親通常都會比較抗拒讓兒子幫忙做身體照顧，現在卻拒絕姊妹的協助，指定由兒子來做，這樣的態度讓兒子充分感受到母親對自己的信賴，也連帶提升身為照顧者的自信。

所謂抗拒感放大的情形

我要再次重申：受訪的兒子照顧者提出的這些看法或想法，並不適用於所有的兒子照顧者。另外，雖然也是老調重彈，不過我還是認為，不管照顧資歷再怎麼久，一定還是有兒子照顧者心中對於幫母親做身體照顧有所抗拒。

只不過，根據受訪者所分享的照顧經驗，就認定兒子照顧者全都沒有自信幫母親做身體照顧，我想這是不正確的。

除此之外，透過訪談我才知道，有些兒子照顧者是透過協助母親的身體照顧，才對自己照顧者的身分更有自信。

另一方面，假使前面推測「幫母親做身體照顧不太會覺得『不舒服』」的原因正確，或許也可以預見未來將出現一些兒子對身體照顧有抗拒感、致使母親無法充分受到身體照顧的情形。

舉例來說，被照顧者從完全自主到需要身體照顧，必須經歷一段漸進性的過程，這個過程或許可以緩解抗拒感；相反地，那些在母親還不需要身體照顧時從未參與照顧，等到母親身體功能衰退到需要身體照顧時才開始面對照顧的兒子，由於沒有經歷過接觸異性親人身體的適應期，非常可能會產生強烈的抗拒感。

另外，在能力允許的情況下，很多身體照顧都可以「委外」給專業照顧服務。兒子也可以採取「解決難題型」的照顧風格，一方面切割情感，一方面把需要親力親為的身體照顧降到最少，或許能減少許多「不舒服」感。但是如果因為經濟能力有限，無法將父母送去照顧服務中心，那麼身體照顧的負擔及伴隨而來的抗拒感，很可能會超過兒子的承受範圍。

母子關係不可能像母女那般

其實不只是身體照顧上的困難，談到跟母親之間的心理距離，有些兒子照顧者也提到了身為兒子的缺點，以及偶爾會萌生的「如果自己是女兒就好了」的念頭。

角田先生（五十多歲）就表示，因為自己是兒子，母親不會坦率地跟他說「自己其實想要怎麼做」，感覺總是在跟他客氣。母親吃角田先生準備的飯菜時，總是會誇獎好吃，也會把飯吃個精光；陪母親去廁所時，則是得一路聽著母親向他道歉。

但是只要角田先生的姊妹露臉時，原本客客氣氣的母親突然就會變得毫無顧忌。她會當面評論姊姊帶來的飯菜，不喜歡的菜色也會直說，連推輪椅的方式都要碎念一番。而姊姊也不會默默承受批評，所以經常會氣得回嘴：「媽，如果妳老是說這麼任性的話，我就再也不來了！」

母親和姊姊看似互相抱怨，但她們其實還是很親的。就像角田先生說的「越吵感情越好」，她們母女倆的關係就是想到什麼都能拌嘴。

事實上，每次姊姊來訪，她們母女倆老是一邊互相抱怨一邊喝茶，說說笑笑地聊幾個小時都不膩。如果是母親和角田先生就不一樣了，總是說不了兩句話。

角田先生說：「對母親來說，兒子和女兒比起來，還是跟女兒在一起比較自在，想說什麼就可以說什麼吧。」雖然母親被診斷為失智症，但她對角田先生還是很客氣，總是不忘說些感謝的話，這也讓他很感激地說：「她真的沒有給我添麻煩。」

角田先生反而很擔心，如果母親對於被兒子照顧感到很愧疚、想說什麼卻又不敢說，那麼因照顧產生的壓力不就累積在母親身上了嗎？

他也表示，雖然知道當兒子照顧者很辛苦，但他現階段並未感覺到「照顧的辛勞」，他心中在意的，反倒是母親可能因為主要照顧自己的人是兒子，而感到「被照顧很不方便」。

無法成為「感情好的母女」也有優點

看到自己的姊妹跟母親的關係，或者自己的妻子跟女兒的關係，相信不少兒子照顧者都會感覺到，兒子無法像女兒一樣跟母親那麼親、那麼了解彼此個性。

然而另一方面，也有幾位兒子照顧者認為心理距離親近，在照顧方面不見得比較有利。

永瀨先生（四十多歲）就覺得，正因為自己是兒子，無法跨越與母親之間的心理距離，反而可以把母親照顧得更好。他之所以有這樣的感觸，是因為看到自己的堂姊照顧她母親的疲憊模樣。

根據永瀨先生的說法，堂姊和她的母親——也就是他的伯母——一直以來就像姊妹一樣，感情非常好，即使堂姊出嫁了，兩人還是經常一起出去玩。對堂姊來說，伯母是她遇到困難時第一個商量的對象，而在所有家人中，伯母最依賴的人也是堂姊。

後來伯母不得不坐輪椅生活後，堂姊一直拚命照顧她，永瀨先生說：「我甚至覺得她有點太拚了。」雖然兩人沒有住在一起，但是堂姊幾乎像是住進伯母家一樣，天天不辭辛勞地前來照顧自己的母親。

而伯母也沒有太大的改變，在全家人之中，仍舊最依賴這個跟自己最親的女兒。或許是為了照顧生病的母親而忘了照顧自己，當永瀨先生隔了好一陣子再見到堂姊時，她已經形容枯槁，感覺很可憐。

對於為母親犧牲奉獻、不惜賠上自己健康的堂姊，永瀨先生分析道：「我覺得就是因為彼此距離太近了，才會這樣無止盡地付出。」同時也自認「我這個兒子，就不會像身為女兒的堂姊那樣傾盡全力照顧」。

其實永瀨先生跟母親的關係並沒有不好，但是母子的感情也不像堂姊跟伯母那樣好到「像姊妹一般」。或許是因為原本就不那麼親，再加上讓兒子照料生活的「內疚感」，使得被照顧的母親在態度上多少比較客氣一點，而永瀨先生也始終與母親保持一定的距離，才能看清母親當下的狀態。

所以，他只做需要做的部分，不像堂姊那樣無止盡地傾全力照顧。永瀨先生是和父母分開居住的照顧者，在工作方面，他也決定「用兼職方式（照顧）」，因為工作而不能親自照顧母親的日子，就託給幫傭或日間照顧中心。

雖然心理上無法像女兒那樣親，但是永瀨先生認為，身為兒子的自己跟母親之間不會太疏遠也不會太親密的距離，在照顧關係上「或許剛剛好」。

就算是姊妹之間，跟母親的心理距離也不同

細越先生（五十多歲）也是針對與母親的關係做過自我分析的兒子照顧者，因為一直以來他都跟母親保持心理距離，才能在合理且不過度的範圍內照顧母親。就跟永瀨先生一樣，細越先生也是在比較表妹照顧母親和自己照顧母親的情形後，才得出這樣的結論。

兒子和女兒跟母親之間的心理距離之所以不一樣，單純只是因為男女差異嗎？細越先生對這個看法抱持懷疑。因為他看過類似的案例，所以認為就算是女兒，也能和自己這個兒子一樣，跟母親保持適當的距離、在合理限度內照顧。

細越先生有兩位表姊妹，雖然兩人是親姊妹，對照顧母親的態度卻正好相反。姊姊從以前跟母親的關係就不是很好，很早就搬出去住，因為單身又有工作，因此不打算犧牲自己的工作來照料母親，她一貫的立場就是先規劃好未來的照顧計畫，一旦母親的健康狀況惡化，也考慮把她送進安養院。

跟姊姊看法對立的妹妹，則是細越先生口中「總歸一句話，就是有女性特質的人」。雖然妹妹已經出嫁，但因為母親很疼愛她，而且她婚後經常回娘家探望，所以妹

妹才是主要照顧母親的人。

妹妹的態度跟姊姊不同，她堅持：「我們身為女兒應該照顧她到最後。」不同意將母親送進安養院，並認為若姊姊不肯，那就由她自己來照顧母親。問題是她們的母親罹患失智症後，對女兒們的態度越來越刻薄，無法接受母親心智驟變的妹妹，更因此陷入憂鬱，最後也無法繼續照顧母親了，於是按照姊姊的想法，將母親送進安養院。

從細越先生的角度來看，姊姊的理念跟他比較接近。雖然不是不能理解妹妹想親力親為的心情，可是他認為就算照顧對象是生病的母親，也還是應該保持適當的距離。

同樣是女兒，姊妹倆跟母親的心理距離竟是如此不同，所以細越先生認為親子之間的親疏遠近，並不單純只是女兒或兒子的差別。他的結論是：跟性別無關，而是長期以來跟母親的關係，以及照顧者本身最終如何取捨，這兩點才是比較重要的因素。

細越先生說：「我生長在單親家庭，又是家裡唯一的兒子，不管怎麼樣，（跟母親）可能還是比較親。」即使如此，如今他仍然可以用切割情感的方式照顧母親，他說這是因為「不知道為什麼，他很早就一直跟母親保持距離」。

男人會為「切割情感的照顧方式」找很多藉口

「雖說是兒子，但跟母親的心理距離未必不能拉近」，細越先生的這個想法似乎是正確的。因為受訪者當中，就有兒子照顧者很難用切割情感的態度面對照顧母親這件事。

某位兒子照顧者一直很猶豫是否該將母親送到日間照顧中心。他表示，這是因為他若不在母親身邊，她就會感到不安。為了不讓母親擔心，他不僅辭掉工作，更幾乎足不出戶，精神上飽受折騰。

母親的主治醫師和照顧管理專員都建議他利用照顧服務，可是他很難踏出這一步。因為如果將母親送到日間照顧中心，自己的身心或許可以獲得解放，但是整個下午待在空蕩蕩的家裡，卻把陷入恐慌的母親送到日照中心，反而會使他感到不安和內疚，那麼他的精神壓力還是無法得到釋放。

總而言之，不論是兒子跟母親的心理距離，或是能否對照顧母親這件事做出不同程度的情感切割，都存在著個人差異。受訪的兒子照顧者中，有不少人因為身為兒子，和母親之間的心理距離便沒有那麼近，所以在照顧時不會太過深入。可是有一些兒子的狀況並非如此，如果把這些兒子也算進去，然後推論母親跟兒子或跟女兒之間的心理關係本來就不同，似乎並不妥當。

關於對母親的照顧，要說兒子跟女兒有什麼不同的話，應該在於兒子會給自己切割情感的照顧方式找多少藉口吧。

某位兒子照顧者因為對照顧母親的付出比不上妹妹，便開玩笑地為自己找理由：「男人已經有『丁』（男丁）了，所以『南丁格爾』就給妹妹來當吧。」

這句話暗示著，「身為男人」這件事，可以成為在照顧上切割情感的理由。身為男人的兒子跟母親保持心理距離是很「尋常」的。

相反地，很多人可能都覺得，已經成年了卻還不跟母親保持距離的兒子「不尋常」，甚至產生「媽寶」這個充滿負面意義的形容詞，個中道理不難理解。

那麼反過來說，「身為女人」這件事，可以用來當做照顧時切割情感的理由嗎？我想應該很難。

這是由於世界上充斥著「女性『理當』會專注於照顧角色」的訊息和想法，包含細心且會關心別人的「女性特質」刻板印象。因此，男人會認為自己「無法成為『南丁格爾』」無可厚非，可是同樣的角色若是換成女性，「身為女人卻無法成為『南丁格爾』」，就變成帶有負面意義的指責了。

我不知道女兒和母親的心理距離是不是真的比較近，兒子和母親又是不是真的比較遠。此外，我也不能確定兒子照顧時可以切割情感的理由，是否真的跟保持較遠的距離有關。

但可以確定的是，兒子會認為自己跟母親之間保持心理距離是很「尋常」的，並把這個當做藉口，解釋自己何以在照顧時比女兒來得更乾脆而不猶豫。

(三) 對父親的期待與對母親的期待

父母性別不同，獲取照顧經驗的方法也不同

前面我們已經看過照顧異性親人，也就是照顧母親的經驗，那麼照顧同性親人，也就是父親時，兒子的照顧方式會有什麼不同呢？

這個問題其實很難回答。

首先，不論是照顧母親或是照顧父親，每個兒子還是有個人差異，他們在照顧上的

經驗差異，究竟是不是因為父母性別不同而產生的（比方某種經驗只會出現在照顧父親時，或相反），實在很難下定論。

加上我所訪談的人數有限，且受訪者當中照顧父親的兒子非常少，從少數人身上得到的結論能夠適用在多少人身上，其實很難斷言。

因此，對於這樣的問題，我始終持保留態度。在此我想觀察的，與其說是兒子的照顧方式是否會依父母性別不同而有差異，倒不如說，是兒子照顧者獲取照顧經驗的方式，是否會因父母性別的不同而產生差別。

就像前面敘述過的，兒子照顧者在談到對母親的照顧經驗時，會表示兒子跟母親的心理距離與女兒和母親的情形不同，所以他們不會太過投入照顧母親。

針對這一點，我覺得應該朝下面這個方向思考，也就是兒子照顧者對於「母親與兒子」關係的印象，跟他獲取照顧經驗的方式有什麼樣的關聯，而不是母親跟兒子的心理距離是否真的很遠（母親和兒子的心理距離是否「當真」很遠，要怎麼做才能「確認」呢？這個問題應該另外討論）。

我們不妨就從這樣的觀點，試著檢視父母的性別對兒子照顧者的照顧經驗有何影響吧。

開始照顧之後才認識到父親的另一面

如果同性的母女關係較親的話，我們可以斷定一樣同性的兒子和父親，心理距離也會比較近嗎？

就以這次的訪談來說，沒有一位兒子照顧者認為「兒子和父親在心理上比較貼近」。

但是，有照顧父親的兒子們表示，能夠縮短跟父親的距離、跟父親相處融洽，是「經由照顧得到的收穫」；相反地，有些兒子則以非常悲觀且否定的口吻敘述照顧經驗，他們多半是沒有和父親建立起這樣的關係。

田所先生（五十多歲）就說，經由照顧，「總算能夠了解父親這個人」。田所先生以前覺得父親很難相處，因為父親很少開口，而且一開口就是教訓人。他回想過去跟父親的關係：「就算坐在一起也沒話可說，但一開始說話又會很激動。」

結婚後仍和雙親住在一起的田所先生，在妻子過世、母親又突然去世之後，不得不與最難相處的父親相依為命。再加上父親被診斷為失智症，照顧父親的母親不在了，如今他不得不自己攬下照顧父親的棘手工作。

由於自己是獨生子，沒有手足可以協助照顧，田所先生只好硬著頭皮開始照料父親；但是隨著與父親相處的時間增加，他意外地發現父親也有容易親近的一面。像是他有時候會喃喃自語說些玩笑話，也會對著電視節目搭腔、發笑。

田所先生說：「我以為他是不苟言笑、鐵石心腸的人。」但看到那樣嚴肅的父親竟然有這麼可愛的舉止，他也就放心了。

最近，他常常跟父親一起看電視，一看就是幾個小時。雖然不會互相討論節目內容，但是看實況轉播的橄欖球比賽時，會一起幫球隊加油吶喊，看到藝人搞笑時也會同時笑出聲。

過去只是和自己待在同一個房間都會情緒激動的父親，現在卻可以跟他共度同樣的時間和空間，並且享受相同事物帶來的歡樂。由於兩人的關係出現這樣的變化，所以田所先生說：「我覺得，做看看（照顧）似乎也不是件壞事。」

父子「肩並肩」的關係——共同行動

對兒子而言，能夠獲得父親肯定的父子關係，就像常出現在人際關係相關文獻裡的

「男性朋友間的互動」。

在人際關係的文獻中，常形容女性朋友間的互動是「面對面（face-to-face）」，男性朋友間的互動則是「肩並肩（side-by-side）」。女性之間的親密友好，是像盯著彼此表情似地（所以才被稱為「面對面」）互相傾吐，可以說是用聊天維繫的關係。

另一方面，男性之間就算是很親密的朋友，也不太可能徹底敞開心扉，只是像「肩並肩」坐在一起欣賞風景一樣，行動一致，並且擁有共同的經驗。因此，男性朋友之間的互動可以說是基於「共同行動」[13]。

當兒子照顧者表示跟父親的距離縮短了、跟父親相處融洽時，這當中不一定包含坦白說出自己心思或想法的「面對面」互動。這跟就算有時候互相挖苦、吵吵鬧鬧，也還是會敞開心房交流的情形不一樣（當然，考慮到父親的認知功能，想透過交談建立親密感多半不容易）。

對兒子照顧者來說，在嘗試照顧後覺得「做看看（照顧）似乎也不是件壞事」的父子關係，比較接近以分享時間、空間和經驗的「共同行動」為基礎的互動。

即使在照顧父親的過程當中，兒子看到的是不認為「值得去做」的事，也仍然可以觀察到兒子很期待能透過照顧，與父親建立「肩並肩」的關係。

某位兒子照顧者就感嘆道，他雖然和父親坐在一起看電視，但父親只是直盯著螢幕，有時候自己輕輕地笑出聲，父親也毫無反應。他表示：「有時候覺得這樣下去，日子真的過得毫無意義。」他也坦承，很懷疑自己為什麼要照顧父親、讓父親繼續活下去的目的是什麼。

另一位同樣照顧父親的兒子，心想偶爾帶父親出去走走也不錯，就會開車載父親去兜兜風。可是一路上，父親即使看著美麗的風景也面無表情，讓他覺得自己「白費力氣」，對於照顧父親感到徒勞。

不論哪一個案例，狀況其實都一樣，因為他們不可能跟父親「共同行動」，所以漸漸不明白自己繼續照顧父親的意義。相反地，這個情形也暗示著，假如能透過照顧跟父親分享時間和空間、享受相同事物帶來的歡樂，或許會產生「有來照顧父親真是太好了」的心情。

這些兒子照顧者的父親對於任何事情都不會抗拒，甚至可以說是不見任何反應。從

---

13 Wood, J. T. (2000). Gender and personal relationships. In C. Hendrick & S. S. Hendrick (Eds.), *Close relationships: A sourcebook* (pp. 301-313). Thousand Oaks, CA: Sage.

這一點而言，也意味著照顧父親並不困難，因為照顧而產生的負擔感也就不重。

但是從另一方面來看，就算透過照顧增加了彼此的接觸，相處的時間和空間增加，也還是無法共享經驗——說得更貼切一些，是再怎麼觀察也無法判斷父親能否跟自己分享同樣的經驗——無法完全「共同行動」。

這樣的父子關係，會引發兒子白費力氣、空虛寂寞、焦躁和徒勞的感受，讓照顧變成充滿壓力的經驗。

老媽倒不如別跟著我這樣的兒子……

當然，照顧母親的兒子，在照顧的過程中往往也能和母親產生「共同行動」，對於這一點，兒子也會給予正面評價。但是除此之外，有些人也跟無法與父親分享經驗、因而感覺徒勞的兒子一樣，對於一起生活的母親對任何事物都沒反應、不知道在想什麼，自己卻必須繼續照料她的情況感到徒然無力。

不過，微妙的地方就在於兒子照顧母親時，是否會期待跟照顧父親一樣，可以「肩並肩」地互動呢？

比方說，某位照顧母親的兒子照顧者，在比較自己的情形和男性友人照顧父親的情形後，說了這番話：

「對方的父親也有一點失智症，但是他好像喜歡喝酒，還會（跟朋友）一起喝啤酒。換作是母親跟兒子的話，不太可能那樣吧。我也沒想過要在家一起喝酒。」

另一個兒子覺得母親是「不得不」和自己一起待在家裡，所以每星期會送母親去日間照顧中心四天，倒是沒想過母親去日間照顧中心是否較有益健康（比方說跟他人互動產生的刺激可以維持認知功能等）。

即便如此，他還是一個勁兒地想讓母親出門，甚至覺得若情況允許，最好每天都去。因為他覺得：「家裡只有我跟她兩個人，與其跟兒子悶在家裡，倒不如出去跟大家聊天還比較開心。」

想了想他這番發言，我認為，當照顧對象是異性的母親時，兒子似乎不太期待能夠透過照顧縮短跟母親的距離。他們自己不會主動要求跟母親「共同行動」，也不會思考母親和自己待在一起的話，做什麼會比較開心。

從這一點又能進一步了解，所謂「兒子和母親原本就比較疏遠」的「一般」母子關係。而且在照顧時，兒子會順應那種「一般」性來建構應對母親的方式。

比起朋友般的互動，更希望母親說聲「謝謝」

那麼，兒子期待跟被照顧的母親之間建立什麼樣的關係呢？雙方之間的關係變成什麼樣子時，兒子才會感到「有來照顧母親真是太好了」？

在照顧時，有一項來自母親的反應，會讓兒子照顧者感受到正面的力量，讓他們覺得「有來照顧母親真是太好了」——那就是「道謝」。除了是對照料自己生活起居的人說聲「謝謝」，也包含以開心的笑臉回應所有的互動。

舉例來說，某位兒子照顧者提到，每當母親臉上浮現笑容時，他就為自己有來照顧母親感到開心。雖然母親偶爾也會流露出「很抱歉，要讓你照料我的生活」的歉疚表情，但是當她展露笑顏，那一瞬間便讓自己強烈希望老媽可以長命百歲。

椎名先生（五十多歲）表示，他是間接明白母親對自己的感謝之意。椎名先生的母親因為失智，已經忘記他是自己的兒子了。平時雖然不會因為不願意讓「陌生的男人」照顧而吵鬧，但她大多時候並不清楚照顧自己的人是誰，所以椎名先生一直以來也很懷疑由自己這個兒子親自照顧到底有沒有意義。

可是有一天，椎名先生的母親卻對這個「照料自己的男人」表達了感謝。

根據他母親的說法，「那個男人」平常話很少，但只要她一開口，他就會像親人一樣聽她說話。就算是像她這樣的老年人，他也非常親切。椎名先生的母親更曾親口對他說：「能夠讓這麼親切的人照顧，我真的非常幸福，很感激。」

其實椎名先生很快就注意到，母親口中的「那個男人」就是自己。因為每個星期來三次的幫傭和另一位負責照顧母親的管理專員都是女性，照顧母親的人之中，只有他一個是男性。

聽到母親對「那個男人」的感謝，椎名先生表示：「這讓我覺得這段時間以來，我所做的事情（照顧母親）似乎是正確的。」

當然，椎名先生的母親至今不曾當面向他說過一句謝謝。原本人際關係就不是很好的母親，不太會表達自己的想法，就算不是罹患失智症，恐怕也很難說出感謝的話。

但是對於母親會感激「那個男人」的照顧、善意地看待那個人的人品，椎名先生表示：「我覺得，我們之間的距離感好像越拉越近了。」

無法感受到母親的謝意而增加的徒勞感和焦躁感

正是因為來自母親的感謝，才把照顧變成「有來真是太好了」的經驗，但是當母親沒有表達（或是無法表達）那份謝意時，兒子對照顧只會覺得徒勞無功，有時甚至引發焦躁或憤怒的情緒。

某位兒子照顧者感嘆，母親原本直率不客氣的個性，因為失智症的關係變得很寡言，對於自己煮的飯菜從不表示任何感想，只是默默地吃得精光。

儘管他不擅長做飯，但還是想盡辦法弄了飯菜，他說：「至少對我說一句『真好吃』，我才會有一點得到回報的感覺。」顯然他在照顧母親這件事上感受不到任何價值。

另一位兒子照顧者則表示，母親總是強詞奪理地反對他的意見，有時候還會大呼小叫抗拒他的照顧：「我曾經認真想過，乾脆殺了她或許還比較好。」

可是另一方面，對於自己那樣的念頭，他也自我反省：「也許在我心中的某個角落，還存在著想繼續照顧下去的心情。」因為期待母親能對自己的照顧表達感謝，而母親的反應卻正好相反，因此才會對她怒火中燒。

他表示，原本就是打算照顧母親才會決定住在一起，但是她從來沒對自己表示過歉意，反而只是一味反抗，和這樣的母親繼續生活下去，恐怕自己當初積極想要照顧母親的心意會消磨殆盡。他之所以還能繼續在家裡照顧，全是為了貫徹當初的決心，甚至自嘲地說：「其實只不過是自我滿足吧。」

照顧女性親人——要把一般的印象擺在一邊

慎重起見，我想再強調一次，假使照顧的對象是父親，即使他不開口說謝謝，照顧者也不會覺得徒勞，這樣的說法並不正確。事實上，就有兒子照顧者提及他的不滿，因為自己費盡心思照料父親，父親的反應卻是一點也不開心。

不過，父親這種不論口頭上或態度上都不表達謝意的反應，做兒子的似乎不會感到意外，就算覺得不滿，也只能無可奈何地接受。

在這種無可奈何的心情背後，有著兒子和父親相處的真實體驗，畢竟日本父親向來的形象就是「喜怒不形於色的頑固嚴父」，或是幾乎不向家人道謝或道歉。

某位照顧父親的兒子照顧者說過下面這番話，也給父親的形象下了很好的註解：

「如果我老爸面帶微笑地低頭說『謝謝』，我才真的會被嚇到呢。因為老爸是會想在老婆孩子面前擺架子、自尊心很強的人。」

簡而言之，一般認為兒子會把父親視為「男性親人」、把母親視為「女性親人」。面對與自己同為男人的父親，會嘗試透過照顧增加接觸機會，藉此（重新）建構男人之間心靈相通的關係。

另一方面，兒子和異性親人母親之間，原本就沒打算建立那樣的關係，而且做母親的應該也不會想跟兒子建立那樣的關係吧。父親可以成為擁有共同觀點、分享「共同行動」的好朋友，母親則不一樣，她終究是女性，而且是被照顧者，很難建立起平行關係。

基於「一般」對於兩性的觀念，讓兒子在面對不表達謝意的父親和母親時有不同反應。因為父親既是不太表達感情的「一般」男性，也是不太會向家人低頭的家長，所以兒子從頭到尾都不太期待父親會和藹地對自己道謝或道歉。即使被兒子照顧也表現得很冷淡，這可以說是父親「一貫」的態度。

可是母親就不一樣了。母親（被認為）是感情比男人放得開的女性，「一般」也認為是溫和關心孩子的女性親人。因為這個緣故，母親會被期待對拚命照顧的兒子說些慰勞的話，同時也要對造成兒子困擾表示歉意。

所以對於母親不開口道謝、沒有表現出感謝的樣子，甚至好像不喜歡被自己照顧而屢屢反抗，兒子感受到的失措、氣餒和焦躁，自然會比面對父親時來得大很多。

這裡我想特別強調的一點是，就算母親原本就不是一個情感豐富的人，但對自己的照顧要是近乎冷淡、毫無反應，兒子還是會深感不滿。由此可見，引發兒子感到失措、氣餒或焦躁的，或許不是母親實際上的變化（例如母親原本是會關懷別人的人，現在卻不是了）。換句話說，引發兒子產生那些失落情緒的，或許是母親的「一般」形象和眼前母親的模樣出現了落差。

「明明是母親卻不會做家事」的衝擊

當父母親需要照顧之後，兒子對於母親的「落差」感之所以比父親來得大，還有一個原因，那就是家事能力。

「一般」來說會被期待做家事的是母親，而在大部分的情況下，確實也是母親承擔家裡的所有家事。當應該做家事的母親無法再自己做家事，甚至需要仰賴不擅長家事的兒子來幫忙時，更突顯了以往為照顧家人生活而存在的母親如今的改變，兒子自然會受到衝擊。

舉例來說，某位兒子談到他的母親時說：「她的優點本來是把家裡整理得井井有條，可是現在卻連這一點都做不到。」另外，其他的兒子對於母親連自己的內務都無法做到，也感嘆地說：「母親真的變得很狼狽。」

就這一點來看，父親的「落差」相對很小。

對於原本幾乎不做家事的父親，沒有一個兒子照顧者會說他「連家事都不會做了」，因為家裡的事情或是父親的生活起居，向來都是母親幫他打理，父親被家人照料的身影早已司空見慣。一直以來，父親在家中的存在就是接受照顧的一方，所以兒子看到父親在家什麼事情都不做／不會做，受到的衝擊當然比看到處於同樣狀態的母親來得小。

由此看來，母親所處的立場可以說比父親艱難許多。身為女性的母親背負著「希望她關心、關懷家人」的期待，所以當母親身心功能衰退而不得不需要人照顧時，做兒子的實在難以忍受。

母親背離了「一般」印象中照料家人的角色，並且成為被照顧的對象，在能夠真正地、真實地接納這樣的母親之前，照顧母親的兒子應該會繼續苦惱下去吧。

(四)「最低照顧」的優點與缺點

不必花太多工夫的「最低照顧」方針

關於兒子對於父母性別的看法，如何影響他們在照顧過程中的感受，前面已經討論過了。在聽完兒子照顧者各自的故事和看法後，我發現，除了談到父母的性別或是與父母親的關係親疏，有幾位兒子不約而同提到他們的照顧方式，而且他們的方針都是「不要過度照顧」。

不要過度照顧的原因，是希望父母親能盡量維持更好的身心功能，而且盡可能長長久久。

因為父母罹患失智症的關係，凡事都花時間親力親為幫他們做，發現父母想做什麼時就立刻跳出來幫忙，這樣的方式乍看好像很體貼。但是這樣一來，很可能剝奪了父母想要自己嘗試的意願，甚至減少他們運用頭腦或身體的機會，只會讓他們加速衰退。

所以，寧可在父母不會危及他們自身安全的範圍內放手，縱使做得毫無章法、沒有效率，也讓他們繼續做下去，而且一定要等到他們的能力辦不到時才出手幫忙。為了盡量延長父母的自理能力，不少兒子照顧者都想方設法，把這種「最低照顧」當做基本方針。

一直在照顧母親的穗積先生（五十多歲），也是這種「最低照顧」的實踐者之一。他的母親幾乎一整天都在床上度過，為了不讓母親的身心功能繼續衰退，他會非常用心地製造一些情境，盡量讓母親什麼事都自己做。

比方說，用餐時採用便當盒。雖然穗積先生在照顧母親，但是沒有住在一起，他會先在自己家裡把母親的飯菜裝進便當盒。等到了母親家，他則不把便當盒打開放在母親的面前，而是把包著布巾的便當盒直接放在她旁邊。

母親有時會要他幫忙把布巾鬆開或打開便當盒，可是穗積先生故意不照著做。據他表示，母親無可奈何，只得邊抱怨邊用不靈活的手指慢慢鬆開布巾的扭結，接著再慢慢打開便當盒。他會這樣幫母親製造機會，想要吃到便當就要努力才行。

吃完之後，穗積先生也不收拾。他完全不動手，直到母親自己蓋上便當盒蓋，並且把便當盒包起來（就算包得不好也沒關係）。據說他母親最初曾經吵著「（便當盒）給我拿走」，可是當她了解穗積先生打定主意視而不見後，便勉強開始學著自己收拾。

穗積先生說：「我幫她做的話很輕鬆，一下子就好了。」儘管如此，不論攤開便當的包巾或是收拾便當盒，他全部讓母親自己做，因為「這就是頭腦和手部的運動」。

不使用的功能將逐漸衰退，不僅如此，隨著功能衰退，會更加無法按照自己的意志行動。如果這樣的話，就像穗積先生所說的：「連她可以做的事都不讓她做，是真正的體貼嗎？」

穗積先生獨樹一格的照顧風格，在幫母親換尿布時發揮到極致。他在換尿布這件事上花費不少心思，不只不讓母親躺在床上直接更換，還一定要母親起身，扶她站著換尿布。

當然，對於長期臥床的母親來說，站起身這個動作並不輕鬆，想必要花很多時間，可是他表示：「一天之內換幾次尿布，就等於活動幾次全身筋骨。」

況且，對換尿布的人來說，被換的人站著會比躺在床上更容易；對被換的人來說，這則是避免整天躺著不動的運動，而且對照顧者而言，不必移動或是抬高對方的身體，做起來更輕鬆。

所以，穗積先生形容站著換尿布是「一舉數得」。

對他的「好照顧」，對她的「好照顧」

刻意不幫忙、不照料的「最低照顧」，雖然是基於維持父母身心功能的目的，但兒子的這份用心，有時候不一定能被周遭理解。

比方說，實際在生活中採行「最低照顧」的兒子照顧者，有時候會被正好在現場的其他家人提醒或責備。除此之外，在跟家人討論照顧方針時，也經常出現尷尬的對立。

他們提到最常提醒或責備自己的人就是姊妹，其次是妻子，全都是女性家人。她們看到父母親拚命地想要做某件事，兒子卻袖手旁觀，因此震驚不已，想也不想就出手幫忙。

她們要兒子照顧者稍微體恤一下父母，但是站在兒子照顧者的立場卻無法忍受，會認為她們的干涉剝奪了父母親動腦或動身體的機會，自己透過「最低照顧」想要達成的目標，就這樣被她們搞砸了。所以，他們對姊妹或妻子的干涉感到不悅，有時候甚至把她們趕走，不讓她們插手照顧。

一條先生（五十多歲）就是其中一人，他覺得「可以的話，不想讓妹妹參與（照顧母親）」。因為他堅持「過度照顧並不是照顧」，主張不那麼面面俱到的照顧應該還好，過多的照顧只會降低父母親的能力，所以將協助控制在最低限度。

比如他的母親腰腿漸漸變得沒力氣，走路時動作非常緩慢，而且每一步都走不太穩，即便如此，非不得已一條先生仍舊絕不幫忙。這是因為他知道，只要母親用拐杖走路的話，自己一個人也能慢慢走、走得很好。

但是妹妹的做法就完全不同。據說母親走路時，她一定緊緊跟在身邊，簡直就像撐著母親的身體一起走路，而且還會幫母親拿所有的東西。

站在一條先生的角度來看，這就是過度的照顧。因為母親明明能夠自己走路，如果撐著她，她就不需要花力氣，少花力氣也就使她的運動量減少，連帶導致身體功能降低。所以，他一看到妹妹過度照顧母親，就會出聲制止，叫她不要那樣做。

然而站在妹妹的角度來看，一條先生的做法很無情，也感覺很不用心，因此兄妹倆常常為了母親的照顧方針爭論不休。

但是一條先生表示：「我從來不覺得我的做法是錯的。」將協助降到最低限度，得到的結果是母親可以維持自立。比較妹妹的做法和自己的做法，他說：「我必須從長遠的眼光來看，考慮哪一種做法才是為母親好。」

身為兒子照顧者的飛田先生（五十多歲）也遇到相同情況，妹妹對於照顧母親的方針跟自己意見不合。比方說，母親在泡茶時，會因為想不起泡茶步驟而做出意想不到的奇怪舉動，但是她的身體功能很健康，所以只要不做出危險動作，飛田先生都讓母親照自己的意思去做。

可是妹妹為了不讓母親做出奇怪的事，大多是一開始就替她做好。站在飛田先生的立場，那是否定母親自主能力、干涉母親生活的行為，他怎麼也無法忍受。

隔離「干涉太多」的家人

飛田先生說他最近跟妹妹大吵一架，事情的經過是這樣子的：

他們的母親從以前就是用手搓洗廚房用的抹布。因為怕她可能會忘記關火而讓鍋子空燒，所以她準備飯菜時，飛田先生都會陪在廚房，只是他覺得洗抹布這種小事應該沒關係，所以一如以往，讓母親照自己的方式做。

可是，母親最近洗得比較馬虎，有時洗完之後也不擰乾就濕濕地擺著，結果常常沒把抹布洗乾淨。儘管如此，飛田先生還是覺得就算不乾淨也不會怎麼樣，所以讓她繼續洗。

直到有一天，妹妹來探望母親，發現幾條沒有洗乾淨的抹布。於是對母親說：「這種東西就該丟掉了。」說著就把看起來很髒的抹布丟進垃圾桶，剩下的抹布則全部用洗衣機重新洗過。

飛田先生說他看到的當下非常生氣，於是大聲斥責妹妹：「用髒抹布又不會死，我到現在也沒有生病」、「妳不要全盤否定老媽的做法」。

飛田先生覺得妹妹並不是不能理解他那麼做是為母親著想，只是妹妹有著「女性特有的溫柔」。所以他認為，妹妹跟身為男性的自己不一樣，無法放著母親不管，在女性特質的驅使下才會想要干涉。

儘管如此，飛田先生還是認為母親雖然得了失智症，但並不是什麼都不能做，希望妹妹能稍微尊重她的做法。

為了貫徹「最低照顧」的方針，一直照顧父親的山森先生（五十多歲）還要求妻子不要幫忙照顧。

山森先生的父親行動不方便，即使在室內走動也要花很多時間。儘管如此，他還是想盡辦法讓父親什麼事情都自己做，父親走路時不會立刻上前攙扶，想拿什麼東西也讓他自己去拿。山森先生覺得如果連這點事都不讓他做，說不定他的雙腿會更無力，最後甚至臥床。

但是，山森先生的妻子態度就不一樣了。看著公公步履艱難地想要走進廚房，丈夫卻在一旁假裝沒事的樣子，讓她覺得公公好可憐，便想要去幫忙拿他要的東西。然而當父親的就是這樣，一旦知道媳婦什麼都會幫他做之後，似乎「馬上就變懶惰了」，只顧出一張嘴，什麼都要別人幫忙。

結果，只要妻子跟著山森先生去父親家，他刻意「不過度幫忙」的方針就變得毫無意義。

他也理解妻子的情況，說道：「當媳婦的也有她的立場，不管公公說什麼她都不能拒絕。」但是只要妻子參與照顧，山森先生就無法依照自己的想法去做，所以他才告訴妻子：妳別再跟來了。

不容易被理解，還會起衝突

兒子照顧者相信父母的自律能力，而且為了盡可能延長父母自立的時間，而將協助降到最低限度，這種「最低照顧」的做法，在國外的兒子照顧文獻中也有類似的記載。

社會學家莎拉・馬修斯是美國的家庭照顧研究權威，她針對照顧父母這件事分析了兄弟姊妹的關係，在論文當中嘗試說明為什麼兒子會被認為「不照顧（關懷）父母」，是一段非常有意思的論述[14]。

馬修斯發現，兒子對待高齡的父母有一項特別的作風，那就是除非父母真的需要協助，否則不會干預他們的生活。

這麼說來，感覺好像當兒子的不關心父母的生活，把他們丟在一邊，但是事實並非如此。只要父母聯絡他們幫忙，他們一定會回應，覺得父母一個人很危險時也會趕去陪伴。

換句話說，他們不是完全漠視父母，而是基本上不干涉父母的生活，只在真正必須協助時才去幫忙。

另一方面，女兒出入父母住處的次數比較頻繁，她們會幫忙整理家務，或是陪父母

14 Matthews, S. H. (2002). Brothers and parent care: An explanation for sons' underrepresentation. In B. J. Kramer & E. H. Thompson, Jr. (Eds.), *Men as caregivers: Theory, research, and service implications* (pp. 234-249). New York, NY: Springer.

出門。當女兒的不會等到父母獨自陷入困境才出手，在那之前就會定期去幫忙做家事等，提供「微小的照顧」（順便一提，這些兒子和女兒全都跟父母分開生活。因為在美國，成年子女跟父母一同居住的比例比日本少很多）。

從定期去照料父母生活的女兒角度來看，一定會覺得：「我哥哥、弟弟一點也不關心自己的父母，真是無情。」馬修斯表示，這也是造成姊妹和兄弟之間對立的原因。

事實上，有關照顧父母的定量性調查——譬如造訪父母住處的頻率、在一定期間內幫父母做各種事情、又做了多少次等等——很少被用來當做參與照顧程度的指標。假如把這些數據當成指標的話，不用說，結果一定是女兒參與照顧的程度高，不到萬不得已不會動手的兒子根本比不上。

但是馬修斯質疑，難道可以因為這樣就說兒子不照顧父母嗎？假使父母親獨自處於危險中兒子還是置之不理，那麼被認定「兒子不照顧父母」應該沒有爭議。但是事實上，兒子只是把注意力擺在父母置身危險時立刻趕過去，甚至一開始就留心不讓父母陷入危險。

只根據可以測得的數據指標，例如造訪父母住處的次數、幫助父母的頻率等，來論斷「照顧父母的程度」不見得恰當。不被納入指標裡的，譬如「想要讓父母自律、盡可能延長他們自立的時間」，其實也很重要。這也就是馬修斯質疑的，所謂「兒子不照顧父母」的說法未免言過其實。

不過度照料、為了讓父母自立而將協助降到最低限度的兒子，以及不被其他家人（尤其是姊妹）理解、常常跟他們發生衝突的兒子——出現在馬修斯報告中的兒子，跟這次受訪的兒子照顧者之間顯然有共通之處。

有時候男人會過度保護

走筆至此，有一點我必須先提醒大家。如果看完上述內容就認定：男性比女性尊重被照顧者的自律性，希望維持被照顧者的自立，恐怕言之過早。

就舉照顧配偶為例，有許多研究報告提到，丈夫對妻子的照料往往是呵護備至的。由此可知，男人在照料需要照顧的家人時，不一定都會有所節制，即使是男性也會依被照顧者的親屬關係而定，不會一味地只是採取「最低照顧」。

說得更明白一些，已有研究發現，男性（丈夫）在照顧配偶時，容易有過度保護的傾向。美國女性主義老年學專家東尼．卡拉桑第分別訪談照顧失智症配偶的高齡男性和女性，比較了他們的照顧風格[15]。

卡拉桑第指出，丈夫都有身為保護者的強烈使命感，認為「必須保護自己的妻子才行」。在這種使命感的驅使下，做丈夫的傾向事必躬親，甚至不讓妻子動手做任何事情，無微不至地照料。

可是他也發現，如果是妻子的話就未必如此。妻子的想法是「必須讓丈夫自立自強才行」。因為她們很抗拒家裡的大小事都要自己決定、所有事情都只能自己一個人完成。

舉例來說，家中的財產以前都是丈夫在管，現在妻子卻得代替他處理，即使丈夫得了失智症，很難再像以前那樣思考，但是在做出決定前，妻子還是會先問他：「這樣做可以嗎？」這是因為過去由丈夫主導的領域，現在讓妻子自己掌控時，她會猶豫不決。卡拉桑第舉這個例子，說明丈夫和妻子在面對失智症配偶時的不對等。

根據卡拉桑第的分析，至少在這個情況下，可以看到身為女性的妻子努力試著讓對方一如往常般自立。由此可見，男性在照顧時會把干涉降到最低限度，讓被照顧者維持自立，這樣的論調並不能成為普遍的概念。

兒子可以貫徹「最低照顧」的理由

即使常常看到兒子傾向貫徹「最低照顧」（相反地，女兒的照顧大多超過最低限度），我仍謹慎地不用「男性和女性的照顧風格在本質上是不同的」來解釋，其實還有一個原因——因為針對減少照顧或不照顧，兒子和女兒可以接受的範圍或許有所不同。

誠如前面提到的，所謂照顧家人是女人的工作，這個觀念至今根深柢固。即使到了今天，積極參與育兒的男性可以得到「奶爸」的好評、照顧高齡家人的男性照顧者博得大眾關注，這些例子終究還是暗示著，男性照顧這件事本身以及擔任照顧工作的男性是很不「一般」的。

相反地，養育孩子的女性、照顧家人的女性，看起來一點也不稀奇。因為，女性照顧家人很「一般」。

---

15 Calasanti, T. (2006). Gender and old age: Lessons from spousal caregivers. In T. Calasanti & K. Slevin (Eds.), *Age matters: Re-aligning feminist thinking* (pp. 269-294). New York, NY: Routledge. Calasanti, T. & Bowen, M. E. (2006). Spousal caregiving and crossing gender boundaries: Maintaining gendered identities. *Journal of Aging Studies, 20*, 253-263.

對於擔任照顧工作很「一般」的女性來說，想要撒手不管照顧工作，或許需要很大的勇氣。不但可能要承受來自周遭的白眼相向，更嚴重的是，女性本身或許會認為沒有為照顧家人犧牲奉獻的自己「不夠格」當女人。在「一般」由女性照顧的觀念下，不照顧的女性承受著很大壓力，因此如果換成女兒貫徹「最低照顧」的話，就必須正面對抗那份壓力。

當然，沒有照顧父母的兒子，也會被貼上不孝的負面標籤。但如果是男性的話，一般人會抱著半放棄的心態認同「因為你是男人，不能好好照顧也是沒辦法的事」；換成女性，一般人應該很少會認同「因為妳是女人，不能照顧也沒辦法」。不僅如此，還可能反過來被批評：「明明就是女人，卻還不能好好照顧父母。」

基於這些觀念，就算貫徹「最低照顧」的全是兒子，也不能單純就這一點替兒子解釋，說他們比較尊重父母的自律，或是兒子／男性之所以可以徹底做到「最低照顧」，是因為他們跟女兒／女性本質上有所不同。用「最低照顧」導出男女本質上有所差異是不公平的。

女性處在前述的社會觀念下，比男性更難做到把照顧減少到最低程度。不可否認地，在這樣的社會風氣下，「最低照顧」很明顯地被當成兒子的照顧風格。

慎重起見我還是先說明一下，這並不是說女性就不貫徹、或是不能貫徹「最低照顧」。當然女兒也可能做到「最低照顧」，而且現在也確實有女兒那樣做。

只不過，我們可以預期女性會因為減少照顧而產生罪惡感，或是受到他人責備，這一定比男性來得強烈。所以女性應該很難徹底做到「最低照顧」，這就是我想表達的重點。

持續「最低照顧」很困難

誠如前面所述，兒子照顧者常常展現出來的「最低照顧」風格，會讓他們被周遭的人誤解，而成為責備的對象。

但是，不過度干涉的照顧並非就是「不好的照顧」。比方說，已有研究[16]顯示，無微不至的照料反而危害高齡者的精神健康，與一般觀念認為的「越是呵護備至越好」正

16 Silverstein, M., Chen, X., & Heller, K. (1996). Too much of a good thing? Intergenerational social support and the psychological well-being of older parents. *Journal of Marriage and Family, 58*, 970-982.

好相反。

因為干涉太多，是把被照顧者視為「什麼都不能做的、無能的存在」。既然如此，或許認同父母仍具備的能力、盡可能不動手的「最低照顧」，反而才是尊重父母身為獨立個體的存在。

不過，兒子對「最低照顧」的堅持，真的只是「為父母好」嗎？

前面介紹過的莎拉．馬修斯給我們的啟發是，只做最低限度照顧的兒子，其實是無法接受親子的立場正好反過來，也就是無法接受自己的父母變得需要照顧這件事。

馬修斯表示，這些兒子們傾向相信父母「沒問題，還沒衰退到那種地步」，換句話說，就算父母已經「有問題」，他們還是很難接受事實。

根據馬修斯的研究，這些兒子在協助父母時，並不是認定父母自己一個人做不到。對他們來說，父母始終都「還沒問題」、父母自己一個人做事是「常態」，所以他們協助的目的，其實是想讓衰弱的父母恢復「常態」。

「我爸媽就算自己一個人也還做得來。」

馬修斯指出，讓對此深信不疑的兒子失望的，是父母發出哀鳴的身影，訴說著「我沒辦法再靠自己一個人過下去了」。

其實，我所訪談的兒子照顧者當中，也有人曾對感覺在向他撒嬌的母親怒斥：「妳認真好好做！」

可是，他們遲早有一天無法再繼續宣稱「我爸媽還很健康」，相信父母能夠恢復「常態」、期待能維持「常態」地生活下去，為了實踐這個目標而採取的「最低照顧」方針，終究會在某個時間點被擊潰。

到時候兒子的不滿或苦悶，會向執行「最低照顧」卻「失敗」的自己發洩，還是向無法滿足「最低照顧」方針、「不認真做」的父母發洩呢？

在此我要重申，不過度干涉的照顧絕對不是件壞事。

然而，對兒子來說，最重要的或許是如何貫徹「最低照顧」的智慧。

跟想要相信「還沒衰退到那種地步」的自己妥協，把焦點放在「有問題」的部分，從那部分開始慢慢地變更「最低照顧」的方針。我認為，這或許才是不過度干涉的兒子們的課題。

(五) 以兒子照顧者的身分「繼續工作」的意義

為何要理解工作對照顧者的意義

兒子照顧者要掌握的不只是照顧父母，還必須思考該怎麼工作。他們之中有許多正值中年與壯年的人，對他們來說，這個問題尤其重要。

所謂「怎麼工作」的問題，也成為兒子照顧受到矚目的原因之一。相關的文章或書籍提到的，往往都是兒子因為難以兼顧照顧與工作，結果被迫換工作或離職的困境。

另外，如同前面所指出的，兒子照顧者當中也有一些兒子在照顧之前就因為工作不順，所以無法離家獨立生活，隨著父母年紀越來越大，他們理所當然成為照顧者。對這些兒子來說，「怎麼工作」是重大的問題，因為他們多已步入中年，身邊還有需要照顧的父母，就更不容易找工作了。

本章最後一節將探討的是，兒子照顧者在自己的現實生活中如何為工作定位。

在日本，目前市面上已經有討論照顧和工作難以兼顧的書，也有教導如何兼顧兩者的書，可是，照顧父母的男性如何看待工作對自己的意義？關於這方面的書幾乎找不到。

然而，理解工作對照顧者的意義卻是比什麼都重要。

「想要繼續工作，也想要看顧父母」——在思考當前的社會結構如何支持懷抱這種希望的兒子照顧者之前，我們必須先掌握他們對工作的見解和想法。

那麼，以兒子的身分照顧父母的男性們，對於工作有什麼樣的見解和想法呢？

試著傾聽他們的聲音後，我發現有人在照顧的過程中，開始對一般社會認為理所當然的「工作概念」產生懷疑。

「畢竟沒有工作就無法照顧」

「『工作和照顧兼顧』這個說法本身有些格格不入」，說出這個心聲的兒子照顧者，是現年五十多歲的坂城先生。

坂城先生一邊經營一間只有三個員工的工廠，一邊照顧獨居的母親。早上先到母親家，如果是去日間照顧中心的日子，會先送她去日照中心才上班；不能送去日照中心的日子，就趁午休時間再去母親的住處。下班後他也一定會繞道母親家，讓她吃完晚餐、就寢後才回家。

坂城先生是自己開業，所以時間的安排比受薪階級更有彈性；但是上班前跟下班後必須去看顧母親，有時候連午休都不行，真的是疲於奔命。

即便如此，他至今仍持續上班，原因據說正是「因為必須照顧母親」。畢竟照顧父母需要人和物——要讓身為照顧者的自己活下去，又要得到照顧所需的物質，都必須靠工作賺錢才行。工作是照顧的先決條件，也是父母的照顧者職責的一部分。

因此，坂城先生無法理解「工作和照顧兼顧」的說法，因為這種說法聽起來似乎表示所謂的「工作和照顧」是可以區別、獨立的。

在他的認知中，沒有前者的話也就不可能做到後者。就算是自己一個人過活也需要工作，何況有需要照顧的父母，當然更得工作。

坂城先生在電視新聞或報紙上看到有人為了照顧而離職，又回頭想想自己的照顧動機，他說：「我認為（無法再繼續工作的人）大多是被迫離開的。」

其實他並不是打從一開始就想要自己照顧父母。不過，在決定承擔照顧工作的背後，確實有「以前是父母一直照顧我，現在換我這個當孩子的照顧他們」的心情。

工作對坂城先生來說，是一個當兒子的想要報答父母、能夠持續照顧父母的先決條件和基礎。因此，如果沒辦法繼續工作下去，意味著他想要照顧父母的願望將無法實現。從他的觀點來看，想要照顧父母的兒子為了照顧而不得不放棄工作，這樣的狀況可以說非常矛盾。

如今坂城先生年過五十，體力也漸漸衰退，卻還要在自己家、母親家和工作崗位來回奔波，這樣的生活還能持續到什麼時候，他也感到不安。如果要把工作和照顧分開，究竟該選擇哪一邊呢？連他自己都覺得承受著不合理的壓力。

既是「兒子」，也是「父親」的我

五十多歲的龜谷先生，住在三代同堂的家裡照顧母親，他也主張「工作必須持續下去」。但是，他之所以這樣主張，並不是以照顧母親的兒子身分，而是以父親的身分認為「不能不繼續工作」。

龜谷先生有一個女兒和一個兒子，兩個人都還是未成年的學生，因此包括學費在內，要為孩子花錢的地方還很多。而必須照顧母親的時間和精力雖然也逐漸增加，但身為父親，在孩子們獨當一面之前他不可能辭掉工作。龜谷先生為了方便照顧母親，修改雇用合約成為兼職員工，繼續在公司上班。

他表示等到孩子們都長大獨立之後，或許會辭掉工作。他認為只要妻子繼續工作，他也還有存款，足以應付夫妻兩人和母親的生活。

辭掉工作的話，他自己一個人就能看顧母親。現在則是送母親去日間照顧中心，母親回家之後，他會盡可能早一點回到家陪她，可是有時候因為工作的關係趕不回家，就必須拜託妻子代為陪伴。龜谷先生認為自己如果能一直待在家裡，就不會發生這種事。

龜谷先生和坂城先生同樣都有「自己能有今天是拜父母所賜」的想法，所以一直照顧母親。他們也一樣想把照顧和工作分開，但不同的地方在於，一位是以兒子的立場想要繼續照顧，一位是以父親的身分想要繼續工作。

身為受薪階級的龜谷先生，受限於無法自己決定上班時間等事宜，所以照顧和工作難以兼顧。這也意味著在他心中，身為兒子的自己很難和身為父親的自己妥協。

我問龜谷先生是否考慮送母親到安養院，他則說那是不可能的事。因為母親的言行舉止都還好好的，所以拒絕離開家，既然她本人希望住在家裡，他就只能在居家照顧的前提下想辦法。

即使如此，他有時候還是覺得身心俱疲，必須利用短期照顧稍微喘口氣，想辦法讓自己不致於倒下。

身為兒子要照顧母親，身為父親要工作養家，要是能夠只專注在某一邊，或許會比較輕鬆，可是龜谷先生並不想那樣做。他覺得「這或許是固執，也或許是為了自我滿足」，更重要的是，他認為兩者「根本不該分什麼優先順序」。

自己是有母親需要照顧的兒子、有子女必須養育的父親，當然要養活兩邊，明明就得這樣做，為什麼不得不二選一呢？

龜谷先生覺得這種逼不得已的情況很奇怪，怎麼也無法認同。

成為照顧者反而受罰的不合理

島園先生（四十多歲）是一位把照顧順位排在工作前面的兒子照顧者。

單身的他現在一個人照顧母親。他原本在一家企業上班，從住家搭電車要一個多小時才能到公司。開始照顧母親不久他便離職，現在每週六日在超級市場工作，搭車大約十分鐘就會到工作地點。

因為換了工作，收入不到以前的三分之一，現在的生活靠自己的薪水加上母親的老人年金勉強過得去。但是島園先生表示，這樣的生活反而比以前大老遠去上班還要好，因為去公司上班，在時間上就沒有餘裕照顧母親。

因為那段期間，他必須比母親早起床出門上班，根本來不及幫她做好去日間照顧中心的準備，只能匆匆忙忙備妥早餐和晚餐就出門了。雖然他不確定母親會不會好好吃飯，可是附近又沒有可以拜託的人，只能猜想她應該會吃，然後百般無奈地出門。而等到他回到家時，母親大多已經就寢了。

可是現在，跟母親相處的時間增加了。母親起床後，吃過早餐，他會幫她梳洗整齊，送她去日照中心後才出門上班。他還刻意把休息時間排到下午，所以來得及回家等母親回來，還能邊準備晚餐邊聽她講今天發生的事情。儘管接下來還得趕回去工作，但是至少不會像以前那樣一整天都見不到面。

雖然辭掉了服務十五年的職務，不過島園先生現在能夠好好照顧母親的起居，讓他充滿自信。他把自己的身分定位為「照顧母親的兒子」，似乎在專心致力照顧母親這件事上，找到比什麼都重要的價值。

可是，也有人不認同島園先生的價值觀，甚至有附近鄰居對他說：「你應該好好上班賺錢，討個老婆，不要讓媽媽擔心。」把單身且用心照顧母親的島園先生說得好像很不孝順。

不照顧父母的話當然會被說是不孝，可是照顧優先而把工作擺在其次，這樣卻也會被指責不孝。假如他繼續在以前的公司上班，說不定不會被人家這樣批評，可是島園先生說：「我留在那裡的話，恐怕很難繼續照顧母親。」

當然，他也知道想要維持生計，「好好上班賺錢」很重要，所以對於那些批評也沒有意見。只是他不免感到疑惑：自己才剛把重心從工作移到照顧，為什麼就必須承受經濟條件或是世俗眼光的懲罰呢？

真正想要的是「可以一如往常工作的制度」

「說是為了兼顧二者（工作和照顧），結果，就實質的意義來看，根本沒辦法。」鯖島先生向我道出他對留職停薪照顧制度的失望。

單身的鯖島先生（四十多歲）現在照顧同住的母親，平日他外出工作，母親除了每星期去日間照顧中心三天，其他日子幾乎都在家。

可能是她自己一個人在家很寂寞吧，白天常常打手機給鯖島先生說她「找不到藥」

之類。聽說也有好幾次不知道為什麼把自己關在陽台上，鄰居發現後趕緊聯絡他，他只好急急忙忙趕回家。

鯖島先生也想過應該多待在家，後來知道日本有所謂的留職停薪照顧制度，可是了解實際狀況後卻讓他有些失望。因為在這個制度下，針對需要照顧的家人，每一個人可以請的假總共只有三個月。他說：「假設九十三天的假全部用完了，到時候，（母親的狀態）好的話維持現狀，差的話可能比之前更糟啊。」

鯖島先生認為這樣的制度「有總比沒有好」，但是自己真正想要的，不是為了能夠全心照顧而可以休假不工作的制度，畢竟就算可以因此完全脫離工作一段期間，但也不能算是兩者兼顧。他真正想要的，是就算家中有需要照顧的父母，還是可以一如往常外出工作的制度。

鯖島先生想要工作，並不是像前面的坂城先生所主張的「工作是照顧的一部分」；也不是像龜谷先生那樣，工作的動機是因為有孩子，他只想著有一天能夠隨心所欲地工作。而且他認為，如果母親能夠每天送去日間照顧中心的話，或許就有可能實現心願。

對母親來說那樣也比較好，去日照中心的話，有各式各樣的人會跟她談天，其他熟人也在。假設自己真的請了假在家，可是心裡想的其實是工作，結果老是板著臉陪在母親身邊，最後一定會導致雙方都不快樂。

鯖島先生認為，以後大概也只能送母親進安養院吧。可是，排隊等著進去的高齡者人數眾多，母親被認定需要照顧的程度很低，而且又有一同居住的家人（兒子），八成很難找到照顧保險有給付的安養院可以馬上入住。至於自費的安養院，需要大筆的入住費，門檻太高，實在不可能辦到。

鯖島先生一直考慮讓母親去住安養院，是因為他似乎認為如果自己單身又必須照顧母親，就沒有資格以上班族的身分立足。

另一方面，必須照顧家人的人正急速增加，也是不爭的事實。

既然這樣，現在的工作卻都讓那些必須照顧家人的人無法做，豈不是很奇怪嗎？

鯖島先生對留職停薪照顧制度的不合理感到不滿，也正是對現今社會上的工作狀態表達不滿。

「投入照顧的自由」是什麼？

在說明工作對男性的意義時，一般人多半會提到與「男子氣概」的關係。

譬如經濟無虞是身為男人的成功、負擔一家之計是男人的使命等，這些都與「男人應有的姿態」有關，所以一般認為男子氣概是男性重視工作的理由。

可是，兒子照顧者口中「想要繼續工作」、「非繼續工作不可」的理由，不一定符合這種「男人應有的姿態」。

也有人像坂城先生那樣，把工作定位為照顧（在性別分工下會被分配給女性的工作）的一部分。

為了孩子的養育費而工作的龜谷先生，乍看之下很符合「負擔一家之計是男人使命」的「男子氣概」，可是他也想好了「（孩子離家之後）只留妻子工作賺錢，自己全心投入照顧」，並不一定堅持完成「男人的使命」。

當然，這些意見並不算是兒子照顧者的「代表性」意見。就像在接下來的第五章我們將會看到的，已離職的兒子照顧者當中，也有人覺得自己不再保有「男人應有的姿態」，因此感到自卑，甚至討厭接觸同年齡層的（非照顧者）男性朋友。

即使如此，針對兒子照顧者想要繼續工作、非繼續工作不可的原因，還是有人認為是「男人應有的姿態」這種心態作祟的結果，但我個人覺得這樣的看法並不恰當。

可是，就算本人不重視「男人應有的姿態」，也不知道周遭的人是否接受兒子照顧者的這種想法，但就像島園先生的親身經歷——才剛把重心從工作移到照顧，周遭就有人嚴厲地批評他：「那麼大年紀的男人，也不好好工作賺錢。」（假如換成女性出去工作不專心在照顧上，則相反地會被嚴厲批評：「把孩子丟著不管，只知道工作。」）

在「男子氣概」觀念至今依然很普遍的狀況下，「已經有點年紀的男性／兒子」全心投入照顧這件事本身，也是兒子照顧者之所以感到孤立的原因之一。

話說回來，乍看之下想法似乎不同的坂城、龜谷和島園先生，其實也有共通之處。他們三個人都很清楚知道，如果選擇全心投入照顧，生活基礎將出現危機（而且，已經實際增加照顧比重的島園先生，正經歷著經濟上的困難）。

假如真的有補貼全心投入照顧者經濟損失的補償機制，會是怎麼樣的呢？他們把工作視為得到經濟資源的手段，所以對於工作本身並不特別感受到「男人應有的姿態」所產生的意義，他們要的多半是安心從工作轉為照顧。

他們想要自己看顧父母，然而在現實面沒有那種機制的狀況下，想要全心投入照顧的自由便被剝奪了。

但是，如同鯖島先生給我們的啟發，只提供可以放心轉往照顧的制度是不夠的，因為這個制度本身還是有問題。他也想過在家看顧母親，但是這跟想要全心投入照顧的意義不同，他希望的是一方面能夠在家照顧母親，另一方面可以在上班時間安心工作的機制。

假使只有補貼經濟方面損失的機制，沒有可以外出工作的機制，像鯖島先生那樣的兒子照顧者，還是必須心不甘情不願地專心投入照顧吧。補償經濟方面的損失，只是把他們心不甘情不願的選擇「合理化」，半強迫他們承擔照顧工作。

從決定自己照顧的那一刻起，就陷入**只能全心投入照顧的狀況**，這種狀況還有另一層涵義，也就是投入照顧的**自由**被剝奪了。

第5章

家庭以外的網絡

兒子在家庭外「當照顧者」

不僅是兒子照顧，以家庭照顧為題所撰寫的書，幾乎都不曾出現家人以外的人際關係，照顧者宛如只活在家庭這個封閉的世界裡。

對照顧者而言，家人的確是影響力最大的角色之一。投入照顧時一開始可依賴的支援就是家人，但會指手畫腳或是在照顧方針上起衝突的也是家人。

畢竟，照顧者之所以成為照顧者，也是跟配偶或兄弟姊妹商量後的結果。就像前面章節所看到的，兒子照顧者也經歷過那些跟家人互相交涉討論的時期。

那麼，照顧者又是以什麼樣的形式跟家人以外的人維繫關係呢？那些因為各種緣分而建立起交情的人們，都會透過日常的往來，對照顧者的生活帶來影響。

就算照顧者為了專心照顧而不再與人交往，也不能以此為理由，把那些家人以外的人際關係排除在探討對象之外。這也是我為什麼想透過這次訪談，詢問他們在照顧的過程中為什麼、又是如何跟這些人斷絕關係的。

本章的重點擺在家庭以外的人際關係。這層關係以往幾乎沒受到什麼注意，但確實是兒子照顧者生活中很值得探討的一部分，我想看看他們跟職場上的人、朋友以及在地居民之間的來往狀況。

對兒子照顧者來說，家庭以外的人際關係具有什麼樣的意義？他們又是如何看待同僚、朋友以及附近鄰居?希望跟這些人怎麼交際互動、建構怎樣的實質關係?

這些就是本章的主題。

(一)兒子照顧者和「職場上的人」

邊工作邊照顧的男性在職場上是怎麼表現的?

中年男性的社會網絡可以說大部分都是透過工作關係架構的,換句話說,在上班族的生活中,共度大部分時間的對象,多半是因為工作而認識或因為業務而往來的人。已有研究顯示,這種工作上的聯繫,對男性來說可算是精神層面的支持來源,完全顛覆工作夥伴之間冷漠以對的傳統觀念。

根據美國老年學家雷蒙特.波賽等人的報告,對職場男性來說,所謂的「知心朋友(confidant)」——也就是可以坦率說出自己的想法和看法的對象,似乎都是一起工作的夥伴[17]。

工作上的互動，很多時候的確是充滿壓力的。但是，在這群訂出相同目標、擁有相同問題、不得不一起努力向前的人當中，說不定也能找到「可以理解自己、讓自己敢於吐露」的知心朋友。

邊照顧父母邊繼續上班的男性，除了假日外，一整天幾乎都會跟工作夥伴一起度過。這樣的職場網絡，對兒子照顧者來說有什麼樣的意義？目前探討這個問題的研究很少。

這是因為當兒子照顧者成為話題時，焦點多半擺在他們離職或退休的經歷，幾乎不會注意到以在職身分照顧父母的男性經驗。

對兒子照顧者來說，或許可以透過工作上的聯繫，找到「可以理解自己、讓自己敢於吐露」的知心朋友。但同僚或上司究竟如何參與兒子照顧者的生活？而兒子照顧者在職場上又是如何表現的？

我想根據兒子照顧者的訪談進一步思考。

職場上的相遇——有照顧長者經驗的人成為知心朋友

這次受訪的兒子照顧者，年齡多集中在三十幾到四十幾歲，也就是上班族的年齡層，當然其中也包括幾位六十多歲已經退休、五十多歲仍在公司上班的兒子照顧者。我認為這樣的年齡分布本身充滿了想像空間。

對於年輕的兒子照顧者來說，職場這個網絡可以為他提供特別的機會。亦即雖然經驗值可能有所差異，不過仍有機會遇見其他擁有照顧經驗的男性。

三十幾歲或四十幾歲的兒子照顧者，很難在年齡相仿的朋友中找到其他正好在照顧父母的男性。同年紀的朋友久久聚會一次，席間如果談到照顧中心，其他人會很納悶地問「什麼是日間照顧中心」；談及自己的照顧情形之前，還必須從照顧保險或照顧服務說起——告訴我這些小插曲的，大多是這個年齡層的兒子照顧者。

當他們去上班，職場上會聚集許多不同年齡層的人。那是一個特殊的環境，在其他地方沒有機會交際的年長者或年輕人，一整天都在一起，不論想不想要，都得透過工作相互了解對方的情形。

這當中也包含了許多年長的、需要照顧父母的男性。這些男性本身未必是父母的主

---

17 Bossé, R., Aldwin, C. M., Levenson, M. R., Workman-Daniels, K., & Ekerdt, D. J. (1990). Differences in social support among retirees and workers: Findings from the Normative Aging Study. *Psychology and Aging, 5*, 41-47.

要照顧者，但是對於照顧服務或照顧設施往往有相當的知識。如果正好有經驗，親眼見過父母如果沒有援助就無法生活的情形，那就更好不過了。

年輕的兒子照顧者可以透過這個特殊的環境，得到跟「某位有照顧經驗的男性」討論的機會，然而在年齡相仿的夥伴聚會的地方，就不可能遇到這樣的人。

百田先生（三十多歲）就是這麼一位兒子照顧者，在職場第一次遇見了「可以理解自己、讓自己敢於吐露」照顧這件事的男性摯友。

百田先生是一位公司職員，必須往返母親的家照顧她。白天有時候送母親去日間照顧中心，有時候請鐘點幫傭來看顧，上班前和下班後一定會繞道母親家，幫她打理大小事。

從百田先生家到母親家，搭電車在通勤半路下車，大概需要二十分鐘左右，距離不算遠，但是每天上班前、下班後通車往返照顧，對體力來說也是嚴峻的挑戰。母親從日間照顧中心回到家大約過傍晚，距離他下班還有一段時間，但他為了盡早去陪母親所以不能加班，也曾經有一兩次臨時接到幫傭的電話，不得不早退趕到母親家。

百田先生剛開始認為，只要自己把時間調整好，就算公司不特別通融，也有辦法繼續照顧。但是，眼看情況超出自己當初預期，照顧開始吞噬工作的時間，照這樣下去，遲到、早退或是請假的情形只會持續增加，他因此下定決心向上司說明原委。

忐忑不安地找上司商量，卻有意外的發展

百田先生不知道平常很嚴肅的上司會有什麼樣的反應，他忐忑不安地說明原委，沒想到上司深表同感，而且答應會盡可能協助他調整工作。原來，這位上司的父親也罹患失智症，已經送到安養院接受照顧。

主要照顧父親的是上司的妹妹。上司說在決定送父親去安養院前，兄妹倆也是傷透腦筋，而且他還表示自己「非常清楚這樣的情形」，很能理解百田先生面臨的困境。

不僅如此，上司還介紹一位老朋友、也是公司不同部門的資深員工給他認識。這位員工算是百田先生的前輩，目前跟需要照料的母親住在一起。

主要照顧前輩母親的雖然不是前輩本人，而是他的妻子，不過仍是他們夫妻一起面對需要照顧的母親。最近，跟這位前輩在公司吸菸室互相抱怨訴苦，已經成為百田先生的「日課」。

「沒辦法，終究是自己的媽媽。」

「你說的一點也沒錯，我們只能盡最大的努力去做。」

「就是這樣啊。」

每天只是一直重複同樣的對話，事實上根本什麼問題也沒解決，即使是這樣，百田先生說：「心情上還是有某種程度的放鬆。」認為跟前輩互相訴苦，在心理層面有加分效果。

百田先生和這位前輩在工作上幾乎沒有直接聯繫，只是因為兩人同樣背負著照顧母親的煩惱，才能讓他和在職場上沒有什麼交集的年長男性站在同樣的角度，建立起「訴苦的緣分」。

年齡相差很多的兩位男士，因為都有需要照顧的母親而成為知心朋友，這全拜「職場」所賜，因為這個環境的特性就是包含了各種年齡層的男性，所以才可能發展出這樣的緣分。

附帶說明，職場上的年長男性當中，應該有許多人都有照顧的經驗。一般人或許會認為五十幾歲、六十幾歲的兒子照顧者，應該很容易在職場上找到知心朋友。可是詢問這次受訪者的結果，在那個年齡層而且還在上班的兒子照顧者中，沒有一個人透過分享照顧經驗，建立起像百田先生跟前輩一樣的關係。

這究竟是為什麼呢？相關的因素，我想在「朋友關係」的部分再進一步討論。

在工作崗位不是「礒野先生的兒子」，而是「〇〇部門的礒野先生」

對兒子照顧者來說，職場之所以能成為一種資源，消除照顧產生的心理負擔，絕對不只是因為有機會遇到「可以理解自己、讓自己敢於吐露」的知心朋友。不管是自願照顧或是被迫照顧，時間一樣在流逝，把自己擺在時間同樣不斷流逝的職場上，硬是將意識從照顧父母的狀態抽離，藉由這樣「轉換心情」，能夠讓身為上班族的兒子照顧者不會陷入「滿腦子照顧」的心理狀態，以維持精神上的平衡。

礒野先生（四十多歲）跟父親住在一起照顧他，他表示只要在工作崗位，自己就可以不用再扮演「礒野先生的兒子」，也就是一旦出門上班，就只把自己當做「〇〇部門的礒野先生」，一舉一動也都只是「〇〇部門的礒野先生」。

的確有人知道礒野先生在照顧父親，但是公司大多數的人，不管知道或不知道，都還是像之前那樣對待他。對於公司同仁「一如往常」的表現，礒野先生說：「該怎麼說呢，我很感激他們。」

礒野先生推測，如果自己是家庭主婦，肯定無法繼續照顧下去。畢竟一整天在家的話，不論父母是否在眼前，都還是會想著照顧的事。就算想要轉換心情，整個心思被照顧這件事套牢，光靠自己還是很難抽離。

而自己之所以能在工作崗位「轉換心情」，是因為接連不斷「冒出來」的工作，半強迫地把掛心照顧的意識擋在門外。

礒野先生說，家裡面只有父親和自己兩個人，如果一整天都關在家裡大眼瞪小眼，心態一定會變得很奇怪。而且，他也表示自己「非常了解」在照顧壓力下盡心照顧父母的兒女心情，假使沒有工作的話，自己的處境也會越來越像那些兒女。

對於「開始照顧之後，是否曾經想過幸好自己是男人」這個問題，礒野先生的回答是：「是男人的話，就算在照顧家人，也還是可以當個『工作狂』吧！」意思是，既然是上班族，就要把「礒野先生的兒子」跟「〇〇部門的礒野先生」分開來，白天才能努力做好後者。

當然，每當黃昏時刻，父親從日間照顧中心回來，礒野先生就沒辦法像以前那樣加班。所以一接近傍晚，父親的事情便會不斷盤桓在腦海裡，不管願不願意，都得從「〇〇部門的礒野先生」被拉回到「礒野先生的兒子」。

即使這樣，他還是說自己不可能放掉當「○○部門的礒野先生」的生活。

我問他：「那是因為經濟面的考量嗎？」他想了一會兒，這樣回答：「雖然也有那層顧慮，不過以我的情形來說，多少有心理層面的意義。」

另外，對於可以兼顧這兩種生活的照顧保險制度，礒野先生則給予正面評價，認為「沒有這項制度的話，他不可能做到這麼多」，這是他目前生活中不可或缺的。

工作支撐著照顧者的「物質和精神兩方面」

照顧父母的男性把工作當做應付照顧壓力的資源，這樣的情形也屢屢出現在國外的文獻裡。

舉例來說，在日本做過「兒子照顧」實地調查的老年學家菲利斯．哈里斯，曾在報告中提到美國的兒子照顧者埋首工作以便持續照顧的情形[18]。

另外也有數據顯示，男性一旦打算照顧父母，會更執著於工作。美國社會學家艾

---

18 Harris, P. B. (1998). Listening to caregiving sons: Misunderstood realities. *Gerontologist*, 38, 342-352.

瑪・丹丁格和瑪汀・克拉克巴格，以計量法分析家庭照顧者退下工作崗位的時機，得到饒富興味的研究報告[19]。

根據她們的報告顯示，男性一旦決定照顧父母親，就傾向將退職的時間延後。這樣的結果，並沒有出現在女性照顧者的身上。

順便一提，她們採用統計控制方式採樣，限制分析對象的家庭成員以及職業的階級範圍，而得到以上的結果。換句話說，諸如「男人把照顧工作交給太太，才可以這樣做」，或是「男性在職場上的地位很高，才可以這樣做」的反對論調，在此都不適用。

當然，美國的數據資料很難直接套用在日本。因為美國基本上沒有所謂的屆齡退休制，退休時間是由個人斟酌情況決定，這一點跟日本不同。

不過，照顧父親的礒野先生曾說：正因為要照顧父親，更不可能放掉當「○○部門的礒野先生」的生活，正巧與這份「照顧父母的男性延後退職時間」的數據吻合。

照顧者置身在跟照顧父母沒有任何關係的職場，一直設法擠出時間以便繼續工作，因此，工作或許可以說是在「物質和精神雙方面」支持著兒子照顧者的生活。

被多數人包圍——只能假扮「一般的上班族男性」

然而，在職場上與人互動，對兒子照顧者來說未必都是正面的經驗。因為許多職場上的男人對於性別分工的「天真」發言，會讓照顧著父母親的兒子照顧者，深切感到自己是「男性中的少數族群」。

在現今社會性別平等的風潮下，一般人都不敢肆無忌憚地公開反對男性照顧，可是職場上仍有很多男性的話語處處隱約可見「照顧是女人的職責」、「照顧父母的事交給妻子或姊妹就行了」的觀念。不少男性會在跟同事閒聊時，反覆強調職場和家庭應該性別分工才對。

「但事實上，我可是在做所謂『女人的工作』喔。」

四周環繞那種「多數的男性」，兒子照顧者不敢大聲回答他們這句話，只能畏畏縮縮、心灰意冷，頂多偶爾發脾氣，但仍會繼續沉默。

---

19 Dentinger, E., & Clarkberg, M. (2002). Informal caregiving and retirement timing among men and women. *Journal of Family Issues, 23*, 857-879.

碓井先生（四十多歲）有一次偶然聽到職場上的男性對於照顧父母這件事的「真心話」——他在工作場合遇到一個男人，當著其他男性的面激辯：「照顧父母的事，交給老婆去做就對了。」

那個男人或許不知道碓井先生正在照顧母親，當著他的面得意洋洋地說個不停，強調在他家從幫母親換尿布到張羅飯菜，全部都要求他太太去做。

碓井先生聽了默不作聲，心中想著「『自己的父母自己看顧』，這樣的觀念明明已經越來越普遍了」。看著那個男人大言不慚地說什麼「傳統」觀念，職場上其他男性則笑著聽他口出狂言，碓井先生受到不小的衝擊，感覺像是死心似地吐露：「我也只能安慰自己，反正這個世界上什麼人都有啊。」

當然，並不是職場上所有男性都受到那種「傳統」觀念影響，其他兒子照顧者的說法證實了這一點。舉例來說，倉科先生（三十多歲）覺得，職場上的人都很支持他想要照顧母親的想法。

「我可以找兄弟姊妹幫忙，盡量不要妨礙到工作，可是就算這樣，只要繼續照料母親，遲到或請假的情形恐怕會再三發生吧。」倉科先生心想，於是將自己的情況告知上司和同事。據他說，同事和上司的反應是「我們可以理解」、「會盡量幫你處理後續的工作」，讓他感到很窩心。回顧自己當時的心情，倉科先生表示：「坦白說，我真的很開心。」

但是，職場這個地方，沒有承擔父母主要照顧責任的「一般男性」終究佔多數。兒子照顧者在那樣的地方，不得不反覆提醒自己是「少數族群」。儘管如此，還是有兒子照顧者不希望自己成為好奇或同情的對象，不願意像是易碎物品一樣受到特別待遇，因此也有人下定決心不在職場上提起照顧父母的事。

袖井先生（四十多歲）說：「我覺得，不管對方是誰都告訴他自己在照顧，還是有不妥的地方。」基於這個想法，他的一貫原則是在職場盡量不跟別人「透露」自己是兒子照顧者。幸好如此（？），只要暫時不主動提照顧的事，周邊的人便自動把他當成「一般男性」。

袖井先生笑著說：「我不說的話，應該也沒有人會想到這個男人在照顧父母。」似乎在職場上成功地假扮成「非照顧者」。

無法扮演「非照顧者」時

說到扮演「非照顧者」，年長的兒子照顧者還是做得比較徹底。

前面提到的袖井先生只告訴上司父母的情況並獲得認同，而其他六十歲上下的兒子照顧者當中，有人完全不在職場裡提及照顧父母的事。

像退休後二度就業的海野先生（六十多歲），就完全不在職場上提起照顧母親的事。

海野先生說：「我不想說出照顧的事，讓別人有機會想些有的沒有的。」除了厭惡別人用奇怪的眼光看自己外，他也認為家務事不應該帶進公司，這種「公私分明主義」也成為他徹底「隱匿」的理由。

而當公私分明主義漸漸露出破綻時，我們可以看到這個年齡層的兒子照顧者寧願選擇明哲保身離開職場，也不願意曝露自己照顧者的身分以換取工作上的通融。或許是因為已接近退休年齡，心理上也做好了準備，才會毅然決定退休，海野先生的想法是「不希望因為自己要照顧父母，而給職場上的其他人造成困擾」。

至於吳田先生（六十多歲），則知道很難以「非照顧者」的身分繼續工作，所以放棄了再就業的機會。

吳田先生從四年前開始，就往返母親家照顧她。他從自己家開車過去，大約需要一個小時，距離絕對不算近。不過，母親雖然被診斷為失智症，但是症狀很輕微，身體功能大部分都還維持正常，所以他認為就算不每天去看顧母親，她也不會有什麼問題。

吳田先生剛開始照顧時的計畫是這樣：自己每個週末過去照料母親的生活起居，其餘時間就委託日間照顧中心和幫傭。平日的三餐採用訂餐外送服務，這樣用餐就沒問題了。

可是，真正開始試著照顧之後，他才知道必須趕到母親住處的頻率之高，超出自己的想像——當初與照顧管理專員討論後，決定讓母親住在她自己家裡，請幫傭或是鄰居一旦發現情況不對，就立刻打電話叫吳田先生過來。

結果，母親自己比其他人更常打電話找他。為了方便母親遇到任何狀況都可以找到他，他給了她一個已經設定好、很容易聯絡的手機，結果母親每次一有什麼風吹草動就會馬上撥電話給他。

於是吳田先生時不時就得離開座位，就算坐在辦公桌前也老是被電話分散注意力，漸漸地越來越無法順利完成工作，自己分內的事因此耽擱的話，職場的其他同仁就必須幫忙分擔才行。這意味著自己不能再像從前還不需要照顧母親時那樣繼續工作，另一方面，又因為自己需要照顧家人，工作上只得仰賴其他同事協助。

總而言之，吳田先生放棄了幾乎已經決定的再就業機會，他表示「放棄再就業是痛苦的決定」。

他說：「照顧母親本身沒有什麼大不了，無法再像以往那樣上班工作，影響才是最大的。」對他來說，所謂的「照顧壓力」不是來自照顧這件事，而是來自自己想要像「非照顧者」一樣繼續上班的心情。

「不存在」的兒子照顧者

職場上的兒子照顧者基於各種理由，掩蓋了自己照顧者的身分。這是在「轉換心情」，防止自己過度埋首於照顧，同時是一種不讓自己被當做「少數族群」的表演。此外，這也是為了能夠跟其他男性肩並肩、像「非照顧者」一樣工作的努力——他們就像沒有背負照顧職責似地當個「一般」的上班族。

當然，「透露」自己在照顧父母，或許能獲得年長的、有照顧經驗的知心朋友，這在其他地方是很難遇到的。可是，先決條件是要在職場上坦白說出正在照顧的事，才能建立起這樣的緣分。

事實上，所有還是上班族的兒子照顧者都表示，在職場上會盡量不向人說出照顧的事。在工作場合大張旗鼓地告訴大家自己是照顧者，徵求有同樣經驗的夥伴——我想會這樣做的兒子照顧者應該很少吧。

兒子照顧者藉著不斷切割自己的照顧者身分，讓「照顧父母的男性」從公司組織中銷聲匿跡。為了遠離照顧父母的心思而「一如往常」地融入職場，以「非照顧者」的身分上班，同時混跡在真正非照顧者的「大多數」男性之中。

除了被「透露」的部分同事和上司之外，公司的男性幾乎不會注意到眼前的人就是兒子照顧者。因此，「大多數」男性可以安心地說出贊成性別分工的「傳統」想法。而那些發言，只會讓兒子照顧者越來越畏縮，更加強他們想要假扮「非照顧者」的念頭。

人數原本就少的兒子照顧者，會陷入類似「沉默螺旋」（諾艾爾—諾依曼）的惡性循環中，同時也讓自己的存在「不被看見」，看起來好像公司的成員全都是沒有承擔照顧責任的「一般男性」。

由於兒子照顧者是「不存在」的，因此，公司不會特別關注邊照顧父母邊工作的員工困境，也沒辦法著手建立制度，透過制度來支援照顧者。

既然沒有組織面與制度面的支援，兒子照顧者只能憑一己之力，調整照顧和工作可以兼顧的環境。所以他們向極少數的同事或上司「透露」以尋求理解，或是跟年長的知心朋友牽起「訴苦的緣分」，藉此得到些微的抒發。

(二) 照顧父母和朋友關係

對兒子照顧者來說朋友是什麼？

朋友關係，可以說是人際關係中最能夠選擇的關係。

朋友不像家人，並不是從一出生就綁在一起，也不是依據法律建立的聯繫關係。你和同事或鄰居的關係，會因為換工作或搬家而消失，意思就是跟他們之間保留了一些選擇性。不過，你也沒有辦法選擇誰當你的同事或鄰居。首先，考量到成本，不可能經常換工作或是搬家，所以你和同事或鄰居的關係，一開始幾乎都是強制建立的。

另一方面，自由度比較高的朋友關係，最能反映出個人偏好和社交技巧。跟誰來往或是跟誰保持距離，全憑個人決定。什麼樣的關係叫做朋友、甚至是什麼人被當做朋友，都可以由個人全權決定。

可是，正因為自由度比較高的關係沒有強制性，所以不論是建立或是維持，都需要個人的技巧和努力。因此，能交到什麼樣的朋友、和那位朋友會建立起什麼樣的關係，往往受到個人的偏好和社交技巧二者的影響。就算你喜歡跟朋友建立比較自由的關係，沒有技巧又不努力的話，也就不可能發展到那種程度。

那麼，兒子照顧者和朋友建立了什麼樣的關係？朋友對兒子照顧者來說，是什麼樣的存在？對於他們的照顧生活又有什麼樣的意義？

接下來，我將綜合這些照顧者的訪談意見來討論這類問題。

此外，在詢問照顧者的朋友關係時，我沒有事先給「所謂的朋友」下定義。因此，接下來出現的，應該說是兒子照顧者和他視為朋友的人之間的關係，而不是由我指定的、跟某個特定人士的關係。

結果顯示，他們口中的「朋友」，大部分是住在同一個地區、從小認識的，或從學生時代開始來往的老同學，接下來如果我沒有特別說明，讀者可以把這樣的關係解讀為

「所謂的朋友」。

已婚者是「重妻輕友」

已婚的人跟朋友的來往通常也會減少，就像一般人常有的印象，結了婚的兒子照顧者，幾乎不會談到跟朋友之間的互動。

已婚的兒子照顧者當中，有人說到：「開始照顧父母之後，根本沒空交際。」不過單身的兒子照顧者當中，也有人一面照顧父母，一面跟朋友保持聯繫。因此，這似乎不是單純有沒有空的問題，倒不如說是因為已經結婚了，可以安心地把跟朋友交際的順位往後排。

實際上，對已婚的兒子來說，當累積了照顧壓力時，能夠聽他們抱怨的主要傾聽者是妻子；隨著父母的症狀加重，不得不改變照顧方法時，可以和他們一起商討解決辦法的也是妻子。

某位兒子照顧者把照顧比喻為自己的工作，這麼形容自己跟妻子的關係：「這是家人之間的課題，老婆當然是我的夥伴。因為她可以跟我一起分析現況，提出最適合的方案。」

已婚的兒子照顧者當中，也有人會接受妻子以外的某人（譬如住在附近的父母朋友等）來「提出最適合的方案」；不過這是因為他們的妻子都基於健康問題或住得較遠等因素，很難參與或要求她們照顧。

對朋友關係的期待——解悶重於「提供有用資訊」

開始照顧父母以後，還能跟朋友持續來往的多半是單身的兒子照顧者。但是，當他們累積許多照顧壓力、需要找人聊聊時，並不期待朋友能扮演那個傾聽的角色。

我問他們：「你們在照料媽媽／爸爸的過程中，感覺煩惱或是鬱悶時，有找朋友傾訴過嗎？」結果這次的受訪者中，幾乎沒有人回答「有」。

兒子照顧者「傾訴」的對象，必須能夠實際替他解決或是幫助他解決「感覺煩惱或鬱悶」的問題。針對前述的提問，我又刻意追問，他們是否曾經為了放鬆心情而向朋友傾訴？心情上是否曾得到朋友的幫助？回答「沒有」的兒子照顧者，告訴我他的理由是

「因為我的朋友裡面，沒有人有真正的照顧知識」。

單身的兒子照顧者政木先生（五十多歲）說：「所謂的朋友，對照顧是沒有幫助的。」

他現在在自己家裡照顧母親。以前和母親分開住，但是住得很近，後來由於母親的認知功能明顯下降，才「搬回老家」一起生活。政木先生長期以來都獨居，做家事難不倒他，但是最令他傷腦筋的是，一個不留神，母親就會進廚房煮飯，而她煮飯老是「讓人提心吊膽」。

譬如他母親曾經把鍋內空無一物的鍋子點火空燒，把金屬製的餐具放進微波爐裡加熱引起火花等。

政木先生是自己開業，平常要到距離住家一站遠的店舖工作，白天將母親送到日間照顧中心，有時候則請居家照服員來家裡看顧。可是，每天傍晚一到，當母親開始「準備晚餐」時，他就必須一直待在家裡。

不過，他平均每兩個月一次會送母親去短期照顧機構住兩個星期。那段期間，家裡晚上都是空蕩蕩的，他正好利用這個機會去找朋友喝酒。

政木先生的朋友算是很多，包括還沒開店前的公司老同事、和他一樣從學生時代起就沒有離開過當地的老同學，所以不愁找不到酒伴。

但是他表示，就算照顧母親有煩惱的事，對朋友傾訴也沒有意義。因為沒有朋友可以提供真正有用的知識或建議，能夠讓母親不再做害他「提心吊膽的事」。

首先，沒有照顧經驗的朋友多半不清楚事情的嚴重性。比如對方會告訴他：「不讓她用微波爐不就好了嗎」之類「理所當然的意見」，但要是真的這麼簡單，他自己就能解決了。

況且政木先生真正煩惱的，不是母親把金屬容器放進微波爐這種事，而是罹患失智症的母親會無意識地讓自己置身危險，他想要的是能夠防止這類事情發生的根本解決方法。

就算朋友有照顧父母親的經驗，也不一定幫得上忙。有些朋友的父母親完全沒有認知功能的問題，有些就算罹患失智症，但是每個人顯現出來的症狀以及有效的解決方式也不盡相同。

事實上，他有一位朋友和患有失智症的母親住在一起。在政木先生嘗試轉移自己母親的注意力卻失敗時，那位朋友教了他據稱「效果很好」的方法，但是那個方法對政木先生的母親似乎不奏效。

他說：「雖然告訴了朋友，結果還是沒有解決問題。」所以，政木先生現在不再跟朋友談照顧上的困擾，反倒是喝酒配時事，愛聊什麼就聊什麼。

他似乎認為，在跟朋友交往的過程中，只要能夠解解悶就夠了。

開心地交往，為的就只是開心地交往

當照顧父母親而「感覺煩惱或鬱悶」時，照顧者不想向友人「傾訴」還有其他的原因，那就是基於「友誼意向」。

所謂的「友誼（companionship）」，特別強調的是尋求開心，其中也包含對於共同的嗜好感興趣，或是一起飲酒、享用美食的交際。

在人際關係的相關研究中，將這種類型的交往對象稱為「夥伴」，以便區別在職場交際那一章所介紹的知心朋友（能夠分享煩惱或問題、「可以理解自己、讓自己敢於吐露」的對象）[20]。

當然，也可能有兼具夥伴和知心朋友雙重關係的朋友。不過，受訪的兒子照顧者當中，有人只把同性友人當做夥伴，不會想向他們傾訴照顧的煩惱或問題。甚至有人表示，他要的就是能開心飲酒玩樂的友誼，所以並不會帶著鬱悶的煩惱去跟朋友聚會。

鶴丸先生（五十多歲）就是其中一人。他和母親住在同一個街區，每天來回照顧，他母親的認知功能與身體功能始終維持在一定的水準，就算她從日間照顧中心回來，鶴丸先生也不需要寸步不離地跟在她身邊。

儘管如此，母親還是常常讓鶴丸先生感到心情沉重。因為她老是把以前的事情當成最近發生的事情嘮叨，實在很難溝通，還有就是嘴巴上說「在收拾家裡」，可是似乎分不清楚哪些還沒收拾、哪些已經收拾整齊，只是一直做個不停。

母親的情況變得越來越奇怪，每當鶴丸先生感到沮喪時，就會輪流找當地的友人出去喝一杯。他說心情不好時跟朋友見面最棒了，但是他幾乎不對朋友吐露照顧母親所產生的悶悶不樂。

他說：「說那些話只會讓心情更沉重，但我們可是為了開心喝酒才聚在一起的。」鶴丸先生始終都把友人當做夥伴來往，所以如果真的談起照顧的事情，頂多只說說他幫母親煮飯時的失敗經驗，當做笑話博君一笑。

20　在第四章看到的，渴望與父親之間建立「以共同行動連結的『肩並肩』關係」，可以說是夥伴間的交往。

從心理學的觀點來看，友誼在消除煩惱這一點不能說是毫無意義的。研究結果顯示，如果煩惱不是很嚴重、壓力程度不高的話，夥伴還比知心朋友更能在心理層面發揮正面效果。由此可見，當鶴丸先生感到沮喪時就去找朋友，用友誼來應對的作法是合理的。

但是，「只有友誼」的關係，長期下來還是會陷入困境。因為在長期照顧當中，壓力指數會升高，在漸漸需要知心朋友的情況下，夥伴卻無法發揮知心朋友的作用。

某位兒子照顧者告訴我，假如自己在喝酒時，主動說出無法避免父母失智狀況惡化的痛苦，朋友的情緒就會受到影響，也會很難用開玩笑的口吻接話吧。於是，原本不帶著煩惱去跟友人聚會的快樂友誼，不知不覺中，變成不能帶著煩惱去。

「你聽、我說」的不協調感

兒子照顧者為什麼不想把照顧父母親的煩惱或鬱悶告訴朋友？有不少人提出的理由是，和朋友交往應該開誠布公，一旦自己訴苦，彼此關係就會出現不平衡。

說得更簡單一點，照顧者會擔心變成只有自己一直訴說煩惱或者感到不愉快，所以才不想說出來。

以三十多歲到四十五歲左右的年輕兒子照顧者來說，同年齡層的朋友幾乎沒有照顧父母親的經驗。而且這一輩的朋友，大多數根本沒想過照料年邁父母的事。

在這樣一群朋友中，會談到照顧這件事情的人一定只有自己，會抱怨照顧煩惱的也只有自己，畢竟這些朋友沒有煩惱過照顧父母的問題。就有兒子照顧者討厭這種不對等的自我剖陳，所以選擇不在朋友面前碰觸照顧的話題。

辻野先生（四十多歲）絕口不在朋友面前談起照顧的壓力，也是因為照顧「對他來說是個問題，但是對對方來說根本不是問題」。

與他住在一起的母親，幾年前被診斷為阿茲海默型失智症，雖然還不需要身體方面的協助，但是她經常忘記電器的使用方法，所以辻野先生不放心讓她一個人做日常生活中的大小事。

辻野先生白天要上班，不得不送母親到日間照顧中心。由於母親已經很難自主地做任何事情，因此下班回到家的他，必須一步一步引導母親「先做這個，再做那個」。因為「不那樣教她，她甚至不會洗澡」。

辻野先生有一位從大學時代起就很要好的同齡朋友，下班後或有空時，偶爾會跟他出去喝一杯，順便報告一下近況，所以畢業後對於彼此的事還是很清楚。雖然兩個人的職業領域不同，但是可以互相發洩工作上的牢騷，是相互勉勵的好夥伴。

既然兩個人那麼熟，當然也就會談到母親罹患失智症的事。但是，辻野先生說他幾乎不在朋友面前提起照料母親所累積的壓力，因為「感覺怪怪的，覺得這麼做不太妥當」。

他也不是完全沒在朋友面前抱怨過照顧母親的辛苦，而且就算說了些牢騷話，朋友也不會因此不高興。辻野先生說：「雖然他也沒有特別對我表示什麼，不過我們有好好聊了一下。」

所以，辻野先生提到的「怪怪的」感覺，並不是因為朋友的反應。

讓他感到「不協調」的，是朋友只能扮演聽眾的角色。如果發牢騷的內容是工作上的事，互相抱怨的程度大致上沒有差別，也不會變成有一方只能當聽眾。但是，談到照顧父母就不一樣了。朋友的雙親都很健康，照顧父母對他來說或許是未來尚不明確的掛心事，卻不是正在面對的煩惱。

所以一旦談到照顧的事，就變成只有自己一個人在發牢騷。那種不對等就是他所謂的「不協調」。所幸，朋友沒有再深入詢問他母親的事情，就算見面也幾乎不碰觸照顧的話題，多半是喝酒聊天，然後再約下次見面。

五十多歲、六十多歲正好相反——「大家有同樣的煩惱，所以說不出口」

辻野先生所謂的「不協調」、互相吐露的不平衡，源自於同年齡層的朋友沒有照顧經驗。

按照這樣的邏輯推斷，年齡更大的、五十多歲或六十多歲的兒子照顧者，他們的狀況應該就不同了吧？因為到了這個年齡層，就算本身不是主要照顧者，應該也有不少朋友都實際面臨照顧父母的問題。

可是，事實上似乎並非如此。的確，五十多歲、六十多歲的兒子照顧者，他們朋友的父母親多半都處於需要照顧的狀態。可是，在周遭的人都背負相同問題時，儘管出發點或許跟年輕的兒子照顧者不一樣，但也會擔心在互相吐露時出現不平衡的狀況。

換句話說，他們擔心的是「明明大家都背負相同的煩惱，卻只有自己一直針對照顧的事發牢騷，太不像話了」。

同樣也是兒子照顧者的曾我先生（六十多歲），透過打保齡球這項嗜好，擴大了老同學與工作以外的交友網絡。自從開始照顧母親以後，雖然幾乎沒空跟那些球友打保齡球，但是靠著打電話或寫電子郵件一直保持聯繫，有時也會趁著送母親去短期照顧中心，參加聚餐喝兩杯。
他母親的認知功能退化得不算嚴重，但是腰腿無力，有時候身體狀況不好，連在家裡走動都需要協助。雖然還不至於要人陪上廁所，但是他總有幾天必須大半夜起床，頻頻察看母親的狀況。曾我先生說他因此寫了一大篇訴苦的電子郵件，寄給其中一位保齡球球友。
那位朋友很在意這封郵件，還因為擔心而打電話過來。曾我先生後來才知道，其實那位朋友的父親情況也不好，已經住院好長一段時間。
不僅如此，慢慢地他才知道，同年齡層的保齡球球友，他們的父母親或多或少都有些身體不好的地方，也都為了該如何照顧父母憂心忡忡。
從那次之後，曾我先生不再在朋友面前抱怨照顧母親的苦。
他自我反省道：「我這才意識到，大家同樣有掛心的事，偏偏只有我一直抱怨有多辛苦，只有自己像發生什麼大事一樣大驚小怪，真是太丟臉了。」
正是因為年齡相近，才會出現「朋友也正面臨照顧父母的問題」這種對等性，照顧者也因此不好意思說出喪氣話。在許多境遇類似的男人當中，如果自己先按捺不住、只有自己叫苦，未免太丟臉了——這種心態讓照顧者適時煞車，不會毫不隱瞞地告訴朋友照顧的煩惱和鬱悶。

曾我先生的一番言論，正好可以回答我在前一節「兒子照顧者和『職場上的人』」中保留的問題。換句話說，為什麼年長的兒子照顧者不一定會跟職場上同年齡層的同事成為知心朋友，這就是答案。

因為境遇太過相似，在許多處境相同的男人中自己先叫苦，感覺會很尷尬。如果原本就是熟識的老朋友倒也還好，假使只是因為同在一個職場，就算對方同樣有照顧父母的煩惱，自己也不會坦白地向他訴苦。

年輕的兒子照顧者可以跟職場上年長的男性成為知心朋友，或許是因為年齡以及在職場上的地位不同，形成境遇上的差異，也緩解了「因為太相近了反而說不出口」的羞恥感，和認為自己不像話的感覺。我認為這樣的推測是成立的。

一路扶持，走到「相處開心且能互相吐露的階段」

不過，也有兒子照顧者的態度正好相反，主張就是因為朋友的年齡相近、身處的狀況也很相似，所以會直接說出對於照顧父母的想法。這位兒子照顧者是正在照顧母親的滑川先生（六十多歲）。

滑川先生沒有妻子、孩子和兄弟姊妹，又早早辭職離開公司，所以跟同事的緣分也很淺，對他來說，學生時代認識的朋友是唯一的支持來源。

他和朋友之間彼此扶持的關係，在受訪者中算是非常棒的。因為一群朋友當中，最早開始照顧父母的人就是滑川先生，朋友們很掛念他，所以會輪流到他家拜訪，看看他的情況。

有一天，滑川先生剛好外出購物，當時還健在的父親突然感到很不舒服，母親則似乎因此陷入恐慌，就在這時候，一位偶爾會順路過來看看的朋友正好出現，趕緊幫忙叫救護車，才沒有釀成遺憾。

時至今日，朋友們全部都有需要照顧的父母，照顧問題不再是滑川先生一個人的。加上他們也一一退休，時間上不再受工作限制，全員到齊聚會的機會也更多了。他們聚會時，一旦知道誰因為照顧父母的事而煩惱或困擾，總是會一起動腦筋想辦法解決。儘管在照顧方面滑川先生是前輩，但是朋友們教了他很多，也給了他很多鼓勵。

我認為，滑川先生可以在朋友交往過程中坦白說出照顧這件事，是因為大家處於相同的生命階段（年齡相仿、背景相似），照顧父母親成為共同的課題。但是，經過詳細詢問後我才知道，他們能夠建立起那樣的關係，其實是經過一段很長的歷程。

首先，朋友當中有一個人很會關心別人，還會負責規劃讓大家能夠定期聚會。多虧那位朋友的努力，即使畢業後，他們還能延續前緣，持續來往。

如果人數多又能定期相聚，互相知道近況的機會自然增加。而且不僅限於聚會碰面時，光是事先安排聚會時間，就能讓彼此知道近況。

舉例來說，像是「我的小孩剛好在生病，所以不能參加」、「我的工作遇到麻煩的事，現在沒空」等，從不能見面的原因就能知道朋友目前發生了什麼事情。

說出自己的情況，可以說是安排時間的一個環節，此外，大家邊考慮彼此的情況邊安排時間，這樣一來，每個人都會感覺被顧慮到，從而感到安心，漸漸地也更容易坦白說出自己背負的包袱。原本只是為了讓夥伴開心聚會而努力，不知不覺成為建立摯友關係的根基。

事實上，滑川先生一開始之所以會把父母親的病況和苦惱的事告訴朋友，就是在安排聚會時間的過程中慢慢卸下心防。他們一直持續這樣來往，才能在都已經六十多歲的今天，建立起坦白說出同樣背負的照顧煩惱、一起討論的關係。

滑川先生和曾我先生的年齡很接近，而且朋友們也都同樣面臨照顧父母親的問題，只是程度上有些差異而已。但是，「大家都背負照顧問題」的狀況，對他們兩人跟朋友之間的關係造成的影響正好相反。

滑川先生和朋友是背負相同煩惱的夥伴，在他們的交往過程中「可以對朋友說」，是因為大家幾十年來建立了可以坦誠以對的關係。

由此可知，就算是同樣背負著照顧父母煩惱的男性夥伴，也不一定就能交心。關於這一點，某位兒子照顧者對於男性照顧者互助團體的態度，頗具啟發性。

那位兒子照顧者說：「對沒有經驗的朋友說照顧的苦處，也是白搭。」於是我接著問他：「如果是一群背負相同問題的男性照顧者相約聚會，在那樣的場合下會比較容易吐露嗎？」對於我的問題他也斬釘截鐵地否定了。

「同樣是男人，又都是在照顧父母，光認為這樣就能說出真心話，未免太單純了吧。」

比起同性友人，更容易向異性友人開口

兒子照顧者的朋友關係，受對方性別的影響很大。

前面所看到的朋友關係，全部都是跟同性友人。然而，不少兒子照顧者都表示，相較於同性友人的「不可靠」、「不想對他說」，他們反而會想要跟異性友人談論照顧的事，也傾向依賴她們。

比方說，同性友人大多數沒有照顧經驗，缺乏有用的資訊能夠解決自己背負的煩惱，但是異性友人正好相反，總會有擔任主要照顧者、參與家人照顧的女性。此外，就算沒有照顧經驗，大部分女性都有豐富的家事經驗，這是兒子照顧者最不擅長的。

譬如「只有自己一直抱怨有點不好意思」，或是「明明大家多少都背負著相同的問題，卻只有自己發牢騷，未免太不像話了」等等，面對同性友人硬是逞強說不出口的煩惱，在面對異性好友時，就可以老實地說：「這個我不會」、「我不知道該怎麼做才好」，甚至可以說出：「不知道妳可不可以幫我一點小忙？」

陣內先生（五十多歲）開始照顧母親後，常去當地的超市買東西，有一天遇到一位從學生時代起就認識的女性友人。對方看到提著購物籃的陣內先生而感到稀奇，於是爽朗地攀談起來，面對她的詢問，陣內先生毫不隱瞞地說出自己正在照顧失智症母親的事。

他說那些朋友對照顧一點幫助也沒有，所以就算在照顧上遇到傷腦筋的事，他也幾乎不會告訴同性友人。可是那天剛好不知道該買什麼食材，他便跟那位女性友人說：

「做飯這件事真的是讓我傷透腦筋。」率直地透露自己不會煮飯的真心話。

而這位個性有一點雞婆的朋友一聽，便會立刻展開「指導」，提供簡單烹調的建議跟購買食材的好去處等，回家前還半強迫他交換手機號碼，告訴他「有什麼事情我都會幫忙」。以前陣內先生什麼事都依賴母親，幾乎沒做過家事，但從此以後，那位女性友人就變成家裡有狀況時的「緊急聯絡人」。

對異性友人之所以「容易開口」，或許在於向對方坦承照顧上的煩惱和問題時，對方回答的方式。

就算在一群男人當中無意間吐露照顧父母的煩惱，最終往往也不知如何是好——很多兒子照顧者都表示有過這樣的經驗。假如對象是女性的話，正好相反，就算只是當下的回應，她們也會表現得很有同理心。

如果告訴同性友人父母行動不便的煩惱，他們「明明並不怎麼了解，也會勉強給些建議，然後趕快結束這個話題」。相反地，換成異性友人，她們會「耐心傾聽」、「以同理心認真回應」。有一位兒子照顧者說到，異性友人的態度不是急著解決問題，而是從一開始就像親人一樣傾聽你說的話。

不過，我認為這似乎也意味著同性友人的「為難」之處。誠如前面所說的，兒子照顧者舉出的「不告訴」同性友人的理由之一，是「因為他們沒有可以立即幫忙消除煩惱的實際知識」，也就是解決問題的能力很低。但是，前一段內容又暗示著，假如同性友人恰當地運用智慧迅速解決問題的話，又可能讓照顧者「感覺很不好」。

總而言之，不論在解決問題上是否有幫助，同性友人跟異性友人比起來，或許就是不怎麼可靠。

異性友人當中，尤其是擔任護理師或看護工作的友人，更容易成為兒子照顧者最依賴的朋友。且異性友人不只比同性友人容易溝通，她們大多數還擁有豐富且實用的照顧知識。

另外也有兒子照顧者表示，自己有一位異性友人，以前跟她並不那麼熟，只因為參加同學會時偶然談到父母親的事情，後來變成一有什麼情況，他都會去找這位女性友人諮詢。如今，她成為一位很重要的支持者，他說：「如果沒有她的話，我恐怕沒辦法在家繼續看顧下去。」

與同性友人來往的痛苦——突顯自己所失去的

同性友人不單純只是「難以傾訴」的對象，有時候還會成為兒子照顧者想要盡量避開的「威脅」。

在兒子照顧者當中，有些人為了照顧不得不改變人生規畫，逼不得已放棄職業生涯和部分家庭生活。另一方面，不需要照顧父母的同性友人，可以順利地累積職涯資歷、建立自己的家庭，他們擁有兒子照顧者本身不得不放棄的東西，他們的存在具體呈現了所謂「自己無法成為的男性」。

要是接觸那樣的同性友人，除了會清楚意識到自己真正想要的東西、失去的東西，對於害自己不得不放棄的「照顧」，負面情緒也會隨之高漲。因此，同性友人不但不會成為支持來源，甚至會變成讓自己痛苦、難以繼續照顧下去的雜音般的存在。

獨自照顧母親的和久井先生（四十多歲），也是一位為了照顧而放棄工作和家庭的兒子照顧者。以前曾經在企業上班的他，隨著母親的失智症加劇，終於下定決心離職。母親雖然認知功能下降，但是身體功能沒有問題，受限於此而不能使用照顧服務設施。雖說大致沒問題，但如果整個白天都把母親一個人丟著不管，還是會讓他心裡不安。

和久井先生原本有一位未婚妻，但是他辭掉工作，還必須照料母親，所以兩人也不可能繼續在一起，結婚的事只好「無限期延後」。就在即將步入中年的時候，他同時放棄了職業生涯和家庭生活二者。

老同學和前同事很關心他，一有機會就跟他聯絡。他們怕和久井先生因為照顧而被孤立，因此對他關懷有加，和久井先生也一直很感謝他們，但是每次和他們聯絡後，心情就會變得憂鬱。因為每次見面或聊天，知道四十多歲的他們不論在工作或家庭方面都過得很充實，而自己只能被迫照料母親，既沒有工作，結婚更是遙不可及，感覺非常不幸。

至少自己生活周遭同年齡層的男性，沒人有罹患失智症需要照顧的父母。和久井先生表示，每次看到朋友不需要照顧父母親、可以繼續工作、過著他們心中描繪的美滿家庭生活，「我總是會想，為什麼只有我是這樣」。

所以和久井先生決定，自己絕對不主動跟朋友聯絡，甚至希望他們最好不要來關心，別管他的事情。因為如果不克制自己跟他們接觸，恐怕將無法壓抑再也不能忍受現在的自己、甚至是失智症母親的心情。

「男性牽絆」的歷史和真正價值——在照顧之前就已經清楚顯露

對兒子照顧者來說，朋友關係究竟有什麼意義呢？

至少，我們很難確定同性友人是否是重要的支持來源，畢竟他們並不能提供對照顧有用的資訊。他們會是很好的玩樂對象，卻不能傾吐照顧累積的鬱悶情緒。除此之外，跟他們在一起甚至會讓照顧父母的照顧者感到非常不幸。

兒子照顧者之所以不容易依靠同性友人，或許就是因為朋友的情形跟照顧者本身太相似了。兒子照顧者很容易感慨同性友人沒有任何可以使照顧更輕鬆的知識，可是他們會要求朋友有那樣的知識，說穿了，還不是因為自己也「什麼都不知道」。

同性友人無法成為知心朋友，同樣是因為他們跟兒子照顧者是肩並肩的存在。因為他們是年齡相仿、社會地位也相似的競爭對手，所以兒子照顧者會心生抗拒，不希望只有自己向他們大吐苦水。其實，如果是年紀有些差距的公司前輩，反倒可以透過照顧，牽起「訴苦的緣分」。

此外，同性友人的存在就像對照的鏡子一樣，成為與自己相反的比較對象。照顧父母的自己和不用照顧父母的朋友，雖然如今走在正好相反的人生道路上，但畢竟過去曾經是共享時間和空間的夥伴。至少在人生某個階段，他們曾走在同一條路上，也正因為如此，從朋友身上可以看到「如果不用照顧父母的話，自己可能會變成的樣子」。

只是，男人跟同性友人之間這種「共謀和競爭」交錯的關係，並不是兒子照顧者特有的。在一起很開心，彼此還會說一些不會告訴其他人的話，儘管如此，還是不希望他們看到自己不體面的地方。其實照顧者也知道「比不過朋友」，但還是想展現自己有能力的地方……許多文獻也一再指出，男人這種交往的心態，已成為男性朋友關係的特徵。

所以，兒子照顧者跟同性友人之間的關係，並不是因為必須照顧父母才產生的特殊關係，或許早在他們開始照顧之前，那樣的關係就已經開始了。不，我認為更正確的說法應該是：那樣的關係是男性不管是否成為父母照顧者都會經歷的「男性牽絆」，只是程度上有些差異。

兒子照顧者跟同性友人此刻的關係，建立在他們過往構築的關係上，而且是具有連續性的。假如原本只是重視開心相處、把對方當成夥伴的朋友關係，不可能因為開始照顧父母，就突然轉變成可以毫不隱瞞吐露鬱悶心情的交心關係。誠如我們在滑川先生的例子中看到的，能夠互相訴說照顧的煩惱、代替自己化解父母危機的朋友關係，是經過長達數十年的歷程，才能在友誼之外附加的知心朋友功能。

以往是怎麼樣跟朋友交往的——那種「男性牽絆」的歷史和真正價值，早在成為照顧父母的兒子照顧者之前就已經清楚顯露了。

(三) 在地的網絡

容易陷入孤立的兒子照顧——與在地連結的可能性

談到兒子照顧時，最常被提出來的問題就是，與地方上其他人之間的聯繫太薄弱。附近如果有認識的人，或許還會注意到兒子照顧者的困境，也說不定可以出手幫忙。在地人的關懷和注意，被認為是預防兒子照顧者陷入極端危險狀況的關鍵之一。

「兒子照顧者在地方上（也）是孤立的」，這種印象早已深入人心，而且陸續有很多足以佐證的採訪報告和數據提出。可是另一方面，探討兒子照顧者可不可能運用在地網絡的研究卻很少見。

假如兒子照顧者能跟地方上的人保持聯繫，那會是什麼樣的關係呢？另外，該怎麼做才能讓這件事成真？

接下來，我將根據有關兒子照顧者和在地人互動的訪談，試著探討這些問題。

守護父母的鄰居們

受訪的兒子談到在地的關係時，多數給予正面肯定。對於我的詢問：「從你開始照顧後，讓你感到最開心的回饋是什麼？」他們的回答是附近鄰居經常適時出現。

在那些「最開心的回饋」當中，最常出現的就是幫忙照顧漫無目的遊蕩的父母親。漫無目的遊蕩是失智症病人常見的行為症狀之一，高齡的失智症患者常趁著家人不注意跑到外面，總是被留置在讓人意想不到的地方暫時保護。漫無目的遊蕩時可能跌倒，甚至發生意外事故，因此這個症狀往往令家人煩惱和不安。

兒子照顧者會把這件事列為「最開心的回饋」，是因為在防止和解決這種漫無目的遊蕩時，鄰居們提供了協助。

不管兒子平常再怎麼小心提防，父母親還是會在兒子視線離開的極短時間內溜到外面去。另外，也有兒子照顧者因為不分晝夜照顧，疲累之餘迷迷糊糊睡著後，父母就在這一瞬間不見了。

這時候，幫兒子盯著父母的「替代之眼」，就是當地的鄰居。有一位兒子照顧者說到，當他發現母親不見，便急急忙忙衝出門外，結果發現她正跟住在對面的太太聊天，讓他鬆了一口氣。後來問了那位太太才知道，她看到母親搖搖晃晃地走出家門，覺得「很奇怪」，所以先跟她打聲招呼，然後隨便閒聊，幫忙把她留在家門口。

也有其他兒子照顧者說，多虧鄰居幫忙才能找到離家的父母。還有一位受訪者提到一個小插曲，他說鄰居發現老人家一個人在外面走動，立刻聯絡他，還一直陪伴老人家直到他趕抵現場，因此他非常感謝這位鄰居。

不想讓別人知道「我爸媽是失智症病人」？

為了使鄰居成為「替代之眼」，就必須先讓周邊的人知道自己的父母親是失智症病人。因為假如鄰居不知道父母親罹患失智症，就算看到老人家獨自一個人走出門，也不會特別感到奇怪。

可是，說不定有人會抗拒，不想讓別人知道「自己的父母罹患失智症」。隨著大眾對失智症的認識越來越多，過去認為失智症病人是恥辱（負面的社會印象）的情形也漸漸消失，所以現在還會心生抗拒、不想被周遭知道的人應該變少了，兒子照顧者應該也不會有那樣的抗拒心態吧。

姑且不談心態上是否抗拒，事實上，有時候鄰居們還比兒子更早發現父母的症狀。有不少兒子都是在開始照顧之後，與鄰居的互動才增多。但是，父母大多數比兒子更早開始和鄰居交流，正因為長期往來，所以鄰居馬上就會注意到父母的認知功能衰退。比起雖然住在一起但是每天早出晚歸上班、甚至忙到深夜才回家的兒子，有時候天天外出買東西或回來時總會聊一下的鄰居，接觸父母親的頻率反而比較高。

其實有不少兒子照顧者表示：要不是鄰居提醒他父母的「異狀」，自己也不會懷疑父母罹患失智症，更不會帶他們去醫院檢查。

母親帶來的在地緣分

附帶說明一下，前一節屢屢出現「父母」兩個字，雖然寫的是兒子照顧者透過「父母」跟鄰居產生交流，但事實上，這裡所謂的「父母」幾乎都是指母親。特別是前面提到的小插曲，例如長期與父母來往、第一時間發現父母異狀、成為「替代之眼」幫忙照顧漫無目的遊蕩的父母等，都是來自照顧母親的兒子照顧者的經歷。會關懷兒子照顧者的鄰居，大多數原本就是跟他的「母親」熟識的人。

當然，兒子照顧者當中也有人是獨自擴展在地網絡。

萱島先生（六十多歲）就是其中一例。開始照顧之後，他到在地的商店街購物的機會也跟著增加。據說，一開始他只是跟店裡的員工交談，漸漸地也跟其他客人增加互動，在附近構築了豐沛的人際網絡。

萱島先生說：「以前只在公司和自家來去的時候，連看都沒看過一眼的地方，竟然有這麼有趣的人們。」他也自我反省以前的人際關係竟是如此貧乏。但是，萱島先生能夠產生這樣的反省，是因為他提早辭職離開公司，而且也開始習慣照顧。如果是這樣，那麼還沒到退休年齡、時間又被照顧佔滿的兒子照顧者，或許很難跟在地網絡建立連線吧。

除此之外，在自家所在地區開店做生意的兒子照顧者，多半表示跟鄰居們的互動頻繁。可是這些互動交流，大部分是上一代的父母親以及再上一代的祖輩延續下來的「在地緣」。而且，跟在地「結緣」為店鋪帶來利益的，又以之前的老闆娘、也就是兒子照顧者的母親貢獻最大。

兒子照顧者和鄰居之間的關聯，可以說大部分還是繼承自父母（特別是母親）。

跟「母親」有交情的女性在兒子照顧中的角色

母親在需要照顧之前構築的地方網絡，大多是由女性組成的。特別是對於單身的兒子照顧者來說，這些女性可以說是唯一且重要的後援。

舉例來說，從去哪裡買日用品最近且最便宜，到附近的日間照顧中心的評價如何，所有對照顧有用的在地資訊，都是由這些女性提供。其中甚至有人擔心不擅長烹飪的兒子是否能夠好好幫母親準備三餐，因而不只是拿蔬菜等食材過來，還常常送來煮好的菜，且不忘宣稱：「我家吃不完，如果你們能幫忙吃，我會很感激。」我想，這也是為了不傷害兒子照顧者的自尊，考量到讓對方容易接受的方法。

若是在兒子和父母親分開住、每天往返照顧的情況下，母親建立的在地網絡同樣不可或缺——這些鄰居會定期到母親家拜訪、有時候陪她出門，就算兒子沒來，老人家也不會沒人顧。

搗本先生（五十多歲）說他把母親家的鑰匙寄放在跟母親非常要好的鄰居阿姨那裡。因為他住的地方離母親家很遠，就算開車也要花一個半小時，因此拜託對方：「發生緊急狀況時，不需要等我趕到，請您聯絡當地的照顧管理專員，直接跟他一起進去我媽家。」正因為母親和鄰居建立了信賴關係，所以就算兒子住在距離有點遠的地方，還是可以持續照顧母親。

幫助兒子照顧者的「母親友人網絡」，不一定僅限於當地。母親往往還有一些雖然不常見面，但是多年來一直保持固定往來的朋友，她們也會輪流來幫助兒子照顧者。

為了讓兒子可以外出，她們會來陪伴母親一整天；當兒子不知道該買什麼樣的女用衣物，她們可以代為買齊或協助整理。如果母親的朋友住得比較遠，一個月頂多只能來一次的話，只要有好幾位這樣的朋友，隔週至少也會有一位來訪。

右田先生（五十多歲）的母親，過去曾經在文化中心擔任講師。當時有一位來上課的女性學員跟他的母親很投緣，即使母親辭去講師一職後，兩個人仍持續往來，成為長年的好友。

當時他母親親自告訴這位朋友自己被診斷出失智症，從此以後，對方一有機會就會造訪右田家。現在母親的症狀惡化，身體功能也明顯衰退，這位朋友來訪的次數更頻繁了。聽說她不僅幫忙不擅長家事的右田先生打掃、洗衣服，當右田先生因為看不到未來的照顧生活而惶惶不安時，還成為他的商量對象。

感受到的視線、不一樣的照顧──意識到「有人正在看著我」的重要性

對兒子照顧者來說，能夠給自己的照顧正面回饋的，也是跟母親熟稔的當地女性。所謂「照顧母親的兒子」，常常活在人們好奇的眼光中，而這些女性會接納成為照顧者的兒子，表現出她們理解照顧的辛苦，對一直在家照顧的兒子說些慰勞和讚賞的話（順便一提，根據兒子照顧者的說法，這些女性大部分都有照顧的經驗）。

也有兒子照顧者說，鄰居們溫暖的眼神成為他繼續照顧下去的動力。

某位兒子照顧者告訴我：「我並不是想要人家看到我在照顧，可是我知道，有人在某處看著我所做的事，並且感到認同。」有人認同我──只是這樣的感覺，代表旁人對照顧父母的自己抱有正面的看法。

這個「被人（鄰居）看著」的意識，也會影響到照顧者對父母的態度。這當然不是

被某人監視的負面意思。而是因為感受到別人的眼光，產生自己成為觀察對象的意識，也成了檢視、改變自己行為的契機。

都筑先生（五十多歲）說：「母親鄰居的一句話，可以讓自己免於成為施虐者。」他原本只是協助腿不舒服的母親的日常，後來才開始了照顧生活。但是自從失智症病發以來，母親變得很抗拒他的協助，每次幫她都會被罵，而且越罵越兇。

剛開始都筑先生還能忍耐，但是漸漸也會怒斥、拍打抗拒的母親。

有一次送母親去日間照顧中心後，他到附近買完東西回家，在路上偶然碰見住在隔壁的阿姨。這位阿姨是和母親很熟的鄰居，母親身體狀況變差之後，她也很關心身為兒子的都筑先生。

閒聊一陣子後，兩人互相道別時，那位女性對都筑先生說了下面這番話：

「你照顧你媽很辛苦吧？有時候也痛苦到很焦慮吧？我覺得你也可以對你媽嚴厲一點，但是絕對不能打她的頭。只有頭，不可以打喔。畢竟她是你媽呀！」

都筑先生說，這是他開始照顧母親以來，聽到最感激的話。除了身邊有一個比任何人都理解自己心情的人之外，也因為別人的體諒，讓他發現到自己竟然已經開始對母親產生負面想法。都筑先生說當時他的腦海突然閃過報導上看到的「照顧殺人」幾個字，不禁打了個寒顫。

從此以後，都筑先生自我監控對母親的一言一行。另外，他似乎也開始考慮，要是勉強照顧所產生的焦躁最後變成對母親施暴的話，乾脆放棄在家照顧，送到安養院照顧或許還比較好（但是他也說了，每次一想到可以隨時放棄在家照顧，心理上反而覺得放鬆，也漸漸不再容易累積照顧的壓力）。

女性所幫助的是母親——所謂的「女性緣」

提及地方上的人們曾給予關懷和支援的，全部都是「照顧母親的兒子」，但也並不是每一位照顧母親的兒子都能擁有這種關係。

提到母親的朋友來幫忙照顧的兒子照顧者，跟完全沒有提到這類事情的兒子照顧者比較，可以發現後者有個共通點，那就是他們的母親都不太跟鄰居打交道。

有一位兒子說：「母親退休前一直在工作，所以跟附近鄰居不怎麼來往。」母子兩人似乎完全沒有在地的支援，不會有人關心。

另外也有兒子照顧者表示，當母親和父親雙方都需要照顧時，鄰居還會經常來探望，但是母親去世只剩下父親之後，就幾乎不再來往了。於本先生（四十多歲）就是其中一個案例。

據說他的母親對任何人都很親切，個性大方豁達，非常受到鄰居歡迎。譬如熟識的鄰居太太生病住院，母親會準備晚餐每天送去給病人的丈夫和孩子吃；或是因為鄰居要工作，而幫忙照顧放學回來的孩子。

先被診斷為失智症而需要照顧的是於本先生的父親，一開始是由他母親照顧。但或許是母親太過用心照料父親，忘了也該照顧自己，後來身體出狀況而住院，幾個月後突然就過世了。

鄰居們在母親住院期間經常來探望，並且協助身體照顧，偶爾還會送親手煮的菜給於本先生父子倆吃。

但是，幫忙辦完母親的喪禮後，鄰居宛如潮水退去一般，幾乎再也沒有露臉。頂多在路上遇到時會問候一句：「你爸爸最近怎麼樣呢？」但是不會再深入關切。

歸根究柢，當住在附近的鄰居知道「我們的『朋友』」，也就是母親處於危險時，會立刻趕來。兒子照顧者則是「『朋友』的兒子」、是關係疏離的「外人」，至少她們剛開始為了協助照顧而造訪時，並不是基於關懷那個「外人」。地方上的人們也不會只基於「兒子要照顧一定很不方便」的理由就出手幫忙，包括慰勞和讚賞之類的正面回饋在內，她們不會對「外人」的照顧插嘴。

社會學家上野千鶴子女士稱這種女性相互扶助的網絡為「女性緣」，我根據她的論點，得到了這樣的總結[21]。換句話說，單純的「在地緣」並不會幫助兒子照顧者。母親在地方上建立的「女性緣」會因為母親需要照顧而啟動，但兒子終究是因為「女性緣」才得到幫助。

也有想遠離的「緣」——被稱為親戚的外人

母親所維繫的、在她需要照顧時啟動的關係，不見得全部都是兒子想要的。與母親關係若即若離的親戚，就是其中最典型的例子，有兒子照顧者表示，那樣的親戚成了自己的「壓力來源」。

兒子本身對於那些親戚並不特別留戀，因為他們頂多在孩提時代被父母帶去家族聚

21　上野千鶴子，《活在「女性緣」中的女人》，岩波書店，二〇〇八年。

會時見過面，長大之後幾乎不相往來、形同外人。

但是，母親身為家族女性的一分子，大多數會和親戚持續來往。或許是擔心兒子得承擔照顧工作，當母親開始需要照顧後，親戚立刻會聯繫兒子照顧者和母親，在照顧這件事上指手畫腳，多嘴又插手。

這些只是有血緣關係卻跟外人無二的親戚，他們的介入往往讓兒子很傷腦筋，有時候甚至大發脾氣。

蓮見先生（四十多歲）就正為了親戚介入的問題傷透腦筋。而讓他如此煩惱的親戚，是母親的兄弟姊妹。

蓮見先生說他小時候覺得「母親的手足似乎不珍惜她」，後來也沒看見這些親戚表達過善意。即便他知道母親一直和兄弟姊妹保持聯絡，可是自己完全沒見過他們。

然而，自從蓮見先生開始照顧母親後，母親的兄弟姊妹（尤其是姊妹）經常打電話來家裡，也常常親自來拜訪，幫他尋找附近可以馬上送母親去的安養院，逼著他放棄在家照顧。

就舅舅與阿姨的立場來看，或許是擔心外甥還年輕，未來的人生會嚴重受到照顧這件事拖累，因為關心而想減輕他的負擔。但是從蓮見先生的角度來看，這些親戚簡直就像「外人」一樣，那些「外人」卻一直說服自己「把媽媽送進安養院比較好」，被不清楚狀況的人否定自己的照顧能力，當然會不開心。

總而言之，這些兄弟姊妹對蓮見先生來說，不是他的後援，反而是他最想遠離的母親親戚。

未來是全憑個人社交技巧的時代？

兒子照顧者的支援網絡、特別是在地的支持來源，不一定能反映出他們本人的網絡連結技巧，而是取決於母親的社交能力，以及母親過去給予周遭人們多少幫助。

兒子能得到幫助，是因為周遭的人們有意願幫助需要照顧的母親。事實上，隨著母親離開人世，兒子還是繼續擔任照顧者照料著需要照顧的父親，可是在地的支援卻全都不再提供了。

由此看來，在地最容易被孤立的，其實是照顧父親的兒子。

當然，凡事都有例外。比方說，如果兒子繼承父親開的店，也會有許多從父親那一代就有往來的鄰居。

但是，我認為這種兒子照顧的案例應該不多見。而且這些人只是父執輩的熟人，他們能夠像母親的朋友關係一樣，成為同等的支持來源嗎？

另外有一點也讓我很在意，那就是有一位兒子照顧者說自己的母親一直在工作，所以她沒有在地的支持來源。

隨著女性就業率升高，越是年輕的世代，同時要上班又要照顧孩子的母親就會越多。平日要工作的母親如果沒辦法像上個世代的母親那樣建立起密切的在地關係，有朝一日當她的兒子成為照顧者時，就沒辦法依賴母親的支援網絡。

如此一來，或許有一天兒子照顧者與在地的關係，只能單純依靠兒子自己的網絡連結技巧，當然也不會再看到父母的性別所產生的差異。

換句話說，母親與鄰居的密切往來，能夠建立起讓兒子照顧者受惠的網絡，這樣的情形只可能出現在目前已步入高齡的世代。

結語

本書中，我根據之前與兒子照顧者的訪談，以四個篇章分別研究兒子在擔任父母親的主要照顧者角色時，身處的「社會」是如何看待他們的。另外，關於各個議題的主要觀察，以及根據這些觀察預測未來或是今後可能必要的措施，也已經在各章節的結尾論及。

或許大家很期待我會在「結語」中，總結以上的內容，發表一番結論吧。但老實說，我至今仍在猶豫是否要做出那樣的總結。

這是因為我對兒子照顧的研究，仍處於現在進行式。

基於這個理由，我不打算在此總結之前發表過的觀察。我想等我的研究告一段落、重新回顧到目前為止的整個過程時再來總結。

在此，我想舉出兩個重點來代替整本書的結論，這也是我一路走到這個階段的過程中，深深體會到「想要理解兒子照顧，一定要具備的觀點」。

所謂的「兒子照顧者」是誰？

首先我要談的是，說到「兒子照顧者」，各位下意識會聯想到誰呢？

誠如之前各章所提到的，每一位兒子照顧者絕對都不一樣。光是出現在本書中的兒子照顧者，如果把他們的背景分類，就可以分出很多條不同的軸線。

比方說，有沒有妻子？有沒有手足？如果有手足，是同性（兄弟）或是異性（姊妹）？還是兩者都有？

此外，他們是否跟父母親同住？還是分開住？如果是分開住，距離又有多遠？兒子本身幾歲？屬於老、中、青哪一個世代？是已退休還是尚未退休？如果還在上班，又是做什麼樣的工作？諸如此類的分類不勝枚舉。

此外，各條分類軸線的內容也很重要。舉例來說，某一條軸線是有沒有妻子，而同樣分在這條軸線上的兒子照顧者，可能在另外一條軸線上——譬如是否跟父母同住——

情形就不一樣了。就像第二章所說的，有妻子的兒子照顧者是否跟父母住在一起，獲得的經驗會大不相同。

說得更精確一點，就算被分類在同一條軸線上，也就是即使背景相同，每個兒子照顧者的想法或照顧方式也各有差異。

所謂的兒子照顧者類別中，包含了這種種的變化。所以，假設我們想找出「兒子照顧者的共同特徵」，那應該是背景條件各有不同的兒子照顧者所共有的「公約數」。

可是，就算找得出那個「公約數」，在說明兒子照顧的現況，或是思考如何支援兒子照顧者的方法上，這個公約數又能有多少幫助？就我目前看到的，兒子照顧者的背景情況各有不同，就算有共同的背景，每個人的照顧經驗也有所差異，所以我認為所謂的「公約數」，頂多只能「稍微觸及」每一個不同的經驗而已。

因此，如果想要真正了解兒子照顧者的經驗，就不能侷限在「兒子照顧者」這個大類別，或許細分之後再思考會比較好。

就這一點來說，我認同專門針對兒子照顧的困境進行分析的社會學家春日希壽代教授的做法。

因為她很明確地將分析對象鎖定為「單身」、「與父母同住」的兒子照顧者，在這個有限範圍內思考兒子照顧者需要的支援[22]。

基於相同的理由，我認為也應該慎重處理「男性照顧者」這個類別。這個類別的範圍比「兒子照顧者」還要大，比方說，在研究並提出照顧家人的男性逐漸增加的現況時，必須使用這個類別才不會有問題。

不過，如果目的是為了理解男性照顧家人的經驗，這又或許不是有效的分類，因為這之中包含了各式各樣的男性經驗「公約數」，設定範圍一定會超過「兒子照顧者」的「公約數」。

然而，根據研究目的的不同，有時候這種大範圍的分類的確比較適合。

假如要思考男性兼顧工作與照顧所遭遇的障礙及所需的支援，比起只從「兒子」面向來思考，更應該把所有就業年齡的男性照顧者列入，以掌握所有經驗的「公約數」，再加入「親屬關係」（譬如是否照顧父母、是否照顧配偶等），成為細分的項目之一，接著依據細分後的項目思考「公約數」有什麼不同，或許這樣才能得到更細緻周全的答案。

總而言之，當我們談到「兒子照顧者」（也可以說是「男性照顧者」）時，必須先刻意設定我們要談的是什麼樣的兒子照顧者（男性照顧者）。我們認為所謂兒子照顧者

（男性照顧者）的「公約數」（譬如「兒子照顧者等於問題照顧者」的印象），是否真的是「公約數」呢？是不是應該先評估不同背景的兒子照顧者各自的經驗之後，才可以說這是「公約數」？

兒子如何接受「女人的工作」？

在此我還想提另外一點，那就是擔任父母親的主要照顧者，承擔所謂「女人的工作」，對身為男性的兒子來說，並不一定會感到「困難」或「辛苦」。我們原本會想像，照顧父母是「女人的工作」，也就是「一般來說」是由女性承擔的角色，所以身為男性的兒子做起來必定會感到困難重重。

以兒子做家事的經驗為例，我們一般會假設，他們的家事長期以來都由一同居住的

22 春日希壽代，〈需求為何潛在化——高齡者虐待問題和大幅增加的「兒子」加害人〉，收錄於上野千鶴子、中西正司編，《邁向以需求為主的福利社會——當事人主導的下個世代福利策略》，醫學書院，二〇〇八年，頁一〇八。

父母幫忙做，如果已經娶妻就會都交給妻子做，兒子本身缺乏自己獨力做好家事的經驗，在這樣的情況下，他們卻要做父母親的身體照顧，因此情況應該比我們想像的困難很多吧。

異性間的照顧也是如此。幫異性親人（母親）脫衣服、擦拭身體、處理大小便，一定是難為情的經驗。

可是，就像在第四章所看到的，並不是所有兒子照顧者面對這些經驗時，都同樣感到「困難」或「辛苦」。

的確有些兒子會因為不擅長做家事，或是不知道怎麼做母親的身體照顧而備感壓力。但是，其實也有一些兒子會把男性或是兒子的身分轉化為優勢，在面對這類狀況時，表現出完全不同的態度。

有的兒子就算不擅長家事，也樂觀看待這一切，認為「畢竟自己是男人，做不好也是合理的」，並不覺得這是個問題。另外也有兒子表示，一般人認為母親不會喜歡讓兒子做身體照顧，但也正因為如此，在這種情況下如果母親願意接受兒子的身體照顧（至少兒子這麼認為），也可能提升兒子的信心，讓他認定「自己是可以讓母親依靠的兒子」。

因此，在假定照顧者一定會感覺「困難」、「辛苦」的前提下，周遭的人只要一覺得他「需要幫忙」就伸出援手，或許反而會讓那些兒子照顧者不知所措。或者是明明不需要，對方卻偏偏要插手，反而會讓當事人覺得多管閒事或自己的做法被否定，因此導致彼此的衝突。

其中的複雜之處在於，不論是覺得兒子照顧者「應該需要幫忙」的旁人，或是不覺得照顧工作很困擾的兒子，他們的出發點都認為「照顧父母是『女人的工作』」。前者認為這些事情「一般」是女性在做的，所以男生做起來一定很「困難」、很「辛苦」；後者則認為正因為這些事「一般」是女性在做，所以身為兒子反倒可以樂觀地思考、正面看待自己的困難。

然而，「因為兒子不覺得困擾，所以不要管他也沒關係」的想法也並不正確。因為就算兒子不覺得困擾，被照顧的父母有時也可能感到困擾。例如兒子喜歡吃得簡單，房間亂七八糟也不特別介意，可是父母或許不太開心；又或者父母「自願」接受兒子的身體照顧，可能只是因為沒有選擇的餘地。

容我再強調一下，我的意思絕對不是說沒有兒子照顧者覺得「做女人的工作」很「困難」、很「辛苦」（其實很多兒子照顧者都有這種感覺）。事實上，有這種想法的兒子就還有救，因為只有感覺到「困難」、「辛苦」，才會產生求援的動機；如果沒有那種感覺，自然就沒有那樣的動機。

「我們『不感到困擾』，就真的不必擔心了嗎？」「我們該怎麼做，才能在必要的時候表達自己的困擾呢？」

未來我也會成為兒子照顧者的一員，因此這是我現在正在思考的問題。

為了我們的未來——人數一直攀升的兒子照顧者

前面也曾提過，我撰寫本書的目的不是為了呈現「兒子照顧的本質」。兒子開始照顧父母之後，也不一定必然會發生書中這些情況，說不定有一些目前正在照顧父母的兒子照顧者看了之後會駁斥：「這和我家的情況完全不一樣」、「你根本什麼都不懂」。

可是，就算面對否定和批評，我也希望這本書能成為一個契機，讓你自己或是你身邊的人都能藉此思考自己的照顧經驗是什麼模樣（或是正在以什麼樣的方式照顧），如果可以引發這樣的思考，那就再好不過了。

而且，為了讓兒子照顧者能持續照顧下去，可以的話，我希望我們和他們也要思考應該用什麼樣的系統面對照顧才是正確的。

比方說，日本的照顧保險制度將發生重大變革。具體來說，未來的方向是將一部分「經認定需要支援」的高齡者專用服務，轉由各市鎮村負責。

在日本保險財政漸趨嚴峻的情況下，為了將資源集中在重度需要照顧的人身上，就必須將支援需求相對比較低的高齡者服務，由國家轉移到地方政府，其宗旨是讓各地方政府接手，讓志工和NPO等組織也加入照顧行列。

不過，雖說是「一部分」的服務，但是在二〇一三年十一月的此刻，預定轉移的是大多數需要支援的高齡者會用到的（也就是最需要的）服務——居家照顧（居家服務）和托老照顧（日照中心服務）。

此外，「需要支援」的也包括許多罹患失智症的人。因為儘管認知功能明顯退化，要是站立或步行等身體功能沒有退化，就很可能被判定為「需要支援」，而不是「需要照顧」。

然而，並不是每個地方政府都擁有相同的資源，足以提供支援。因此，質疑的聲浪不斷，輿論擔心假如交給地方政府裁量的話，各地區的服務品質和數量恐怕會出現落差。

每次國家縮減給高齡者的公共服務補助時，都會聽到贊成的聲音表示：「畢竟有錢的老人很多啊」、「老人家不要太依賴國家」。

可是，比起這種「兩代間的對立」，更重要、更必須關心的，應該是照顧高齡者的責任被「公家」「退還」給「私人」了[23]。

二〇一三年八月，日本發生了一件具有代表性的重大事件。九十多歲的失智男性誤闖鐵軌被撞死，JR東海公司認為這是由於死者家屬疏於看顧，因而提起訴訟，結果法院判定勝訴，要求死者家屬全額支付JR東海公司請求的損失賠償。

在這個「家庭」裡，除了與死者同住的八十多歲妻子之外，還包含跟父母分開住的兒子。照顧責任之所以回到「私人」身上，據說是受到輿論這樣的指責：「請你們這些家屬（自己）照顧好老人」、「如果做不到，那就是你們的『過失』」。

兒子照顧者確實在增加。或許不是全靠兒子一己之力，承擔所有父母需要的照料；但是不得不成為主要照顧者的兒子，往後一定會越來越多。

說不定在男性照顧者的問題當中，兒子照顧的問題會是最多男性所面臨的。因為配偶照顧（由丈夫照顧）的情況，只要不結婚就不會遇上，但是任何男性都一定有父母。

正因為如此，針對確定會發生在自己和自己周邊的兒子照顧，我強烈希望所有人能各自思考，在家人之間，或是跟朋友和同事一起，在各處掀起熱烈的討論，如果真能這樣是最好不過的了。而這本書的出版若是能帶來些許幫助，或許也能緩解我對於拙作的問世愧不敢當的心情。

23　發出那些聲音的人，似乎忘記有一天自己也會變成「老年人」，我個人很羨慕他們這一點。我每次看到有關照顧保險和高齡者醫療制度變更的新聞，就會開始擔心自己的生活，也就是煩惱「我還能在這個國家活下去嗎」，總覺得我的身分認同好像已經搶先一步變成老人了。反過來說，為了客觀地為「老年人」發聲、把這個問題當做別人的事來論述，我想我也必須先做好「身分認同的抗老化」吧。

解說

另一種「男性學」

上野千鶴子

兒子照顧增加的原因

每次說到家人、家人，我就有一種怪異的感覺。所謂的家人，指的究竟是誰？所謂的照顧家庭（家人），究竟是誰在照顧誰？

根據日本厚生勞動省的「主要家庭照顧者」統計資料，「家庭照顧者」的親屬關係類型，依序是同住的配偶、孩子、孩子的配偶，然後才是分開居住的親戚。照顧者的分布大多依照這個次序。或許政府是不想涉及性別問題，所以提出了這個中立的、「不會引發社會性別敏感」的統計。

話雖如此，說到配偶照顧，妻子照顧丈夫跟丈夫照顧妻子，卻是截然不同的。說到孩子的配偶，也一樣有很多可以商榷的部分，比方是指兒子的太太？還是女婿也會參與照顧？至於孩子，也不清楚指的到底是女兒還是兒子。說到分開居住的親戚，這又是指誰呢？是分開住的長男與媳婦往返照顧嗎？還是出嫁的女兒回來照顧呢？我根本不懂這當中是怎麼區別的。我認為這種性別不明確的統計，對於了解實際狀況幾乎沒有幫助。

不只是這樣。究竟是誰在照顧，更是個攸關重大的問題，假如照顧者是媳婦，照料公公跟照料婆婆的方式是不一樣的。至於說到照顧父母，到底是照顧爸爸還是照顧媽媽？此外，假使依孩子的性別區分，可以得到女兒照顧母親、女兒照顧父親、兒子照顧母親、兒子照顧父親這四種不同的組合。同樣是「孩子照顧父母」就有四種組合，從這裡不就能看出當中的情況會截然不同嗎？

說到照顧的順位，姑且不論男女，比起孩子的配偶，最優先的往往就是親生孩子。除此之外，住在一起的孩子也會被優先考慮。但是這背後存在著許多現實因素，比如即使父母已經步入需要照顧的高齡，卻從來沒有離開家的晚婚、不婚子女；或是因為經濟不景氣無法自力更生，就算想離開老家也辦不到，只能當寄生蟲的子女。只要稍微留意一下，你就會發現，不知不覺中，身邊又增加了一些由成年孩子和老年父母組成的家庭。根據平山先生提出的數據，光是同住的案例中，主要接受兒子照顧的高齡者比例，竟然就達到百分之十二。而且因為女性長壽的關係，這些案例中的父母大多數都是指母親；由此可見，接受單身兒子照顧的母親確實也逐漸增加。

小說家佐江眾一在他的作品《黃落》（佐江，一九九五）中，曾精妙地描寫出那樣的場面。「哎呀呀！要是在以前，怎麼可能讓兒子處理大小便……」、「竟然要看把自己生出來的私密部位……」不論是母親或是兒子，彼此都想避開那樣的場面，不是嗎？可是實際去問照顧者的心聲，卻得到這樣的回答：「就只有我自己一個人能做，我難道能說那種話嗎？」……這麼說也沒錯。

以前會四處抱怨「兒子不照顧的理由」，如今全部都不存在了。

兒子照顧宛如黑洞

所以說，現實中兒子照顧的情形明明就在增加，可是實際狀況卻最不明朗。不只是因為人數少，主要是因為兒子照顧者不會主動談自己的事情、不會向外人求助、也拒絕其他人的介入。這使得兒子照顧就像是黑洞一般。

要靠近這個黑洞相當困難，而且我們已經知道，在這個黑洞裡，似乎發生了一些不尋常的事。

進入二〇〇〇年代之後，躍升為高齡者受虐加害人首位的不再是媳婦，而是兒子。由於兒子照顧者的人數比例上較少，因此要說兒子成為施虐者的概率非常高，一點也不誇張。一般認為，施虐的機率與一起相處的時間長短有明顯的關聯。

媳婦虐待的案例比較多，單純只是因為媳婦照顧的比例很高。可是兩相比較，兒子照顧者的人數明明比較少，施虐者卻很多，我想還是由於兒子照顧本身存在著一些問題。

被許多地區的照顧管理專員認為「棘手的案例」，大部分都屬於這種。從他們各式各樣的案例報告中可以看見，包括不給吃飯和不讓洗澡的疏失、拒絕外部支援者的照顧和醫療、仰賴父母親收入的退休金寄生蟲等等。雖然我不太清楚真實的情況……但那的確就是兒子照顧的第一線。

本書的作者平山亮先生，毅然挑戰了這個黑洞。兒子照顧者並不是全部都會虐待老年人，其中也有不施虐的兒子，這是理所當然的。但是，會施虐的照顧者和不會施虐的照顧者其實只有一線之差。假使能知道不施虐的照顧者的實際情況，應該就能更深入理解施虐照顧者的感受。

以往，日本的兒子照顧都被當成問題個案處理，想要接近他們也是非常困難的事，就連研究高齡者虐待的權威春日希壽代教授，在做案例研究（二〇〇八、二〇一〇）時取得的資料，也是透過照顧管理專員和護理人員得到的間接資料。

春日教授的知名著作《生活在父子家庭——男性和父親之間》（一九八九），是參與由獨自養育兒子的父親所組成的「父子家庭」聚會，從旁觀察寫出的精彩研究成果。不過這個方式似乎不適用於照顧父母的兒子們，因為兒子照顧者終究沒有一個能夠讓他們暢所欲言、談論自己想法的互助團體，而平山先生也幫我們釐清了個中原委。

平山先生針對身邊沒有任何人能理解或同情、感覺孤立無援的兒子照顧者，一個一個地面對面、謹慎仔細地完成訪談。我想他可以辦到這件事，是因為他跟他們同為男性、屬於同一個世代，而且據他本人的說法，感覺他自己跟「男子氣概」這個形容詞也有點搭不上邊。

春日教授的研究所闡述的「男性學」，重點在父子家庭比母子家庭更不容易生活；不過據春日教授本人的說法，如果她是男性研究員，恐怕父子聚會不會同意讓她列席。因為父子家庭的爸爸們都曾遭遇妻子過世或是離家，卻沒有再婚也沒把孩子送進育幼院，個個都是努力奮鬥養育兒子而「備受讚許」的父親。兩相對照下，既有社會地位又有妻子，並從事研究工作的男性，應該是他們最想避開的對象吧。透過實例證據，研究這些正在做所謂「女人的工作」、也就是照顧工作的稀有男人……在這個過程中浮現的，是像平山先生在「序言」裡所說的，所謂「男人心的心理學」，也就是另一種「男性學」。

兒子照顧暴露的社會性別不對等

雖然僅有二十八個案例，但是這本書讓我們對「照顧父母的兒子」有更廣泛、更深入的了解。

書中充滿了讓人驚嘆並產生共鳴的真知灼見，也打破了我們的迷思和偏見。除此之外，透過平山先生周密而細膩的分析，引導我們廣泛地理解這些內幕，心裡也更忍不住驚呼「原來如此」。

照顧父母跟育兒的不同點在於，「主要家庭照顧者」的身邊圍繞著的多數是與照顧有關的人。

比方說，第二章談到已婚的兒子成為照顧者的情形，照顧者身邊的人往往會因此譴責道：「那你老婆都在幹什麼啊？」平山先生就舉例說明，其實若沒有妻子在背後支持，丈夫也不可能成為「兒子照顧者」，但是卻有人會抱怨妻子的付出不如預期，或是視妻子的付出為理所當然而不給予肯定、不能理解她心中的糾葛等。

妻子畢竟是妻子，無法擺脫「沒有參與照顧」所導致的自責念頭，或是認定自己的付出太少。也會有兒子照顧者趁此機會「大言不慚」地表示：「都是我一個人在做。」平山先生宛如就站在夫妻之間，聽他們娓娓道來這些衝突點，並詳細分析其中的微妙之處。

相反地，假如是妻子必須承擔照顧自己父母的工作（女兒照顧），這些丈夫又會怎麼做呢？只要稍微想像，就知道會是怎麼樣的情形。

第三章談到照顧者還有其他手足的情況。平山先生還將手足分成兄弟和姊妹兩種不同的狀況來思考，這也是理所當然的。經過分析，他還意外發現原來有姊妹的話，兒子的照顧工作反而會更難做。因為姊妹不只會批評照顧者的做事方法，還會任意插手介入。因此，不能直接認定有姊妹在旁就能提供很多幫助，實情可沒有那麼簡單。

再說第四章，讓我發現兒子在照顧時偷工減料竟然還有理由辯解——平山先生稱之為「最低照顧」。這裡面存在著「敦促被照顧者自立」、「活用僅有的能力」、「盡可能不出手干涉的關懷」等觀點。由此可見，姊妹或妻子的過度看顧和照顧，反而會造成妨礙，所以引申出來的結論就是不要介入。針對男人的照顧，笹谷春美教授已經在她的研究（二〇〇〇）中指出，「丈夫照顧妻子」的特徵是「照顧者管理型照顧」，也就是無論過多或過少的照顧，都是照顧者主導，即使是手足或妻子也一樣，不希望第三者介入，干擾自己的規律，或許這就是所謂的「男性的照顧」。

接著在第五章，討論到兒子照顧者與職場、朋友的關係，和在地的交友網絡。兒子不工作就沒飯吃，也無法繼續照顧父母，可是就連這些部分，也出現兒子照顧者和女兒照顧者之間很大的不對等。

以兒子的情況來說，身邊的人會對他說：「要好好工作賺錢、討個老婆（是為了要讓那個老婆來照顧嗎？），讓爸媽放心才是。」期待兒子能這樣「孝順父母」；相反地，如果是女兒來照顧的話，就會變成「請妳辭掉工作，專心照顧爸媽」，周遭的期待反而變成了壓力。說出這種話的心態，難道不是帶著輕蔑，認為「妳現在做的那種工作，誰來做都可以」？而同樣的話語，他們絕對不會對兒子說吧？

在家做著「女人工作」的兒子照顧者，必須裝得好像沒有這回事。因此平山先生指出「職場上『沒有』兒子照顧者」的現況，真是令人心驚。回頭想想，不只是照顧，就連育兒也一樣，男人總是會裝出「好像沒有家庭責任的樣子」（這種情形叫做 like a single），不是嗎？只要踏出家門就一派輕鬆，裝出一副沒有任何家累的「單身漢」模樣，「不讓」職場上的人看到自己在育兒或是照顧父母。

平山先生敏銳地指出「從決定自己照顧的那一刻起，就陷入只能全心投入照顧的狀況，這種狀況還有另一層涵義，也就是投入照顧的自由被剝奪了。」這個針對「照顧」的說法，其實也可以百分之百套用到「育兒」上吧。

而且這同樣可以套用在朋友關係上。年輕的兒子照顧者因為同年齡層的男性友人無法理解自己的狀況，也沒有共鳴，所以在分享歡樂的「友誼（英文似乎是 companionship）」時，不希望只有自己在發牢騷、吐苦水。然而，即便是面對老一輩的、都有照顧經驗的同性友人，他們也覺得「我才不要自己一個人一把鼻涕一把眼淚地哭訴」，所以還是避談照顧經驗。平山先生「發現」，兒子照顧者「最想避開的對象」，正是同性別、同年齡層的朋友，這也讓我們知道什麼是「男性牽絆」。

過去，「友情（尤其指男人之間獨特的情誼）」被認為專屬於男人，但這種不互相吐露弱點、也不互相幫忙的「男人的友情」，到底算什麼呢？這樣看來，還是「女性友人」可以長期依賴——其實這話一點也沒錯，比起面對男性友人，兒子照顧者在面對女性友人時，似乎更容易說出真心話或是發牢騷。這一點與我在《一個人的老後　男人版》（二〇〇九）一書中的觀察不謀而合。

根據平山先生的說法，「男性牽絆」是「共謀與競爭」的關係，不會成為感到困擾時的助力。最主要的原因就在於，比起同性，他們寧願讓異性看到自己的弱點。

如果這是事實的話，那麼沒有女性友人的兒子照顧者該怎麼辦？一般日本人可能會聯想起訓斥客人的酒吧媽媽桑，以及坐在吧台邊酒後吐真言的大叔。但是我們都知道，在那樣的男女關係中，女性如果沒有收到錢是不會給予男性關懷的。

這個所謂的「男性牽絆」，也關係到照顧的對象是父親或母親。如果是父親，那是肩並肩的關係，因為父親視照顧為理所當然，所以就算對照顧一事沒有說過半句感謝的話，兒子也會基於「男人才不會說謝謝」的觀念而體諒。

相反地，要是原本應該付出「關懷」的母親不再付出關懷，不論兒子或是母親，雙方都會感到困惑。平山先生指出，可能是兒子對母親的健康變化反應比較遲鈍。這一點是很可怕的，因為男性通常對周遭的心情和感情變化比較不敏感，也就是溝通能力不足，除此之外，也讓人想到男人想否認自己「不適合」以強調「男子氣概」的心理。

本書中指出，兒子照顧母親或許比照顧父親更困難，除了異性照顧的困難外，跟性別在付出「關懷」上的不對等也有關。

接下來再談談在地。父親和母親的不同，也在這裡顯現出來。女性比較有機會在地方上「扎根」，因此當母親變得需要照顧，母親的同性朋友與熟人，都能成為支援兒子照顧的資源。即使母親成為丈夫照顧者，一樣可以從同性朋友和熟人的網絡獲得支援。我稱之為「女性緣」（上野，二〇〇八）。

可是，能夠活用那些資源的期間，也僅限於母親在世的時候，因為那是屬於母親的交友網絡，一旦她過世，資源將如潮水一般退去。正如平山先生所預測的，如此一來，照顧父親的兒子在地方上會變得更孤立。

但是，同樣情況也適用於大半輩子都在工作的退休女性身上嗎？

根據我的調查，大部分職業婦女都會在職場和居住的地區「腳踏兩條船」，絕對不會像男人那樣，一離開職場就斷了一切聯繫，同時失去所有人際關係。但是，這些職業婦女將來退休之後會變成怎麼樣，還是未知數。

身為男人的難處

沒錯，家庭照顧只是簡單的一句話，但實際上究竟是誰在照顧誰，真實狀況的差別卻大得驚人。透過平山先生詳細的調查，我們總算可以更接近實際的兒子照顧情況。

不過，我想讀者當中或許有人會認為，這些出現在書中的兒子照顧者算是得天獨厚。因為他們畢竟有工作、有收入、有房子、還有妻子或兄弟姊妹……而且就像書中所說的，他們都是透過醫療機構介紹的，換句話說，也是獲得公家補助的一群人。沒有走投無路，顯然也沒有施虐的情形，而且一開始就答應成為訪談對象，不就證明他們的狀況都還算良好嗎？如果是這樣的話，就無法了解真正嚴重的「棘手案例」。

雖說如此，誠如平山先生所說的，透過本書，我們可以或多或少了解「兒子照顧者是在什麼樣的情況下成為施虐者」。既然能夠了解，就可以反向利用這些資訊，知道「若備齊什麼樣的條件，兒子照顧者就不會施虐」。

而本書最重要的部分，就是顯示「身為男人的難處」。從表示「不感到困擾」到「不求助」的這些特質，在在顯示「想要拒絕外人介入」的兒子們，並不是真的都「不感到困擾」。

「我們『不感到困擾』，就真的不必擔心了嗎？」

「我們該怎麼做，才能在必要的時候表達自己的困擾呢？」

感到困擾時不能吐露難處、需要幫助時不能求助、不想讓別人看到自己脆弱的一面，這些都是男人的「弱點」，所以我們最好不要再把這些弱點誤認為是「堅強」了。男人有無法承認弱點的「弱點」……而如何回答這個問題，應該是男人永遠的課題吧。

此外，平山先生還率直地寫出下面這段絕妙的話：「就算兒子不覺得困擾，被照顧的父母有時也可能感到困擾」。

照顧究竟是為誰而做？不是為了照顧者，而是為了被照顧者。令被照顧者感到困擾的照顧，對照顧者來說則是自我滿足、給別人添麻煩的照顧，這些狀況竟然發生在「家庭照顧」的美名之下，還真是令人困擾啊。

想想看，男人的這種行為，不是跟他們在職場和家庭的作風很相似嗎？不只是照顧方面的溝通，在所有的溝通上，回應對方的感情和需求都是「最基本」的，可是男人似乎很不擅長。

我認為，如果兒子照顧（父母），能成為男人學習、甚至變成「一個男人」的歷練場所，是再好不過的。因為不管怎麼說，兒子照顧者就跟父子家庭中的父親一樣，面對需要關懷的父母親，他們不把父母親送進安養院或是醫院，而是堅持在家照顧，因此也稱得上是懷有親情的兒子。我甚至想呼籲，別剝奪所有兒子照顧他們父母親的絕佳機會。

為什麼呢？不只是因為如作者所預言的，「兒子照顧者未來肯定會逐漸增加」，更是因為所有的男人都是某個人的兒子。

【參考文獻】

・上野千鶴子、中西正司編，《邁向以需求為主的福利社會——當事人主導的下個世代福利策略》，醫學書院，二〇〇八。

・上野千鶴子，《活在「女性緣」中的女人》，岩波書店，二〇〇八。

・上野千鶴子，《一個人的老後　男人版》，法研，二〇〇九。（中文版由時報文化出版）

・春日希壽代，《生活在父子家庭——男性和父親之間》，勁草書房，一九八九。

・春日希壽代，〈需求為何潛在化——高齡者虐待問題和大幅增加的「兒子」加害人〉，收錄於上野千鶴子、中西正司編，《邁向以需求為主的福利社會》，醫學書院，二〇〇八。

・春日希壽代，《變遷的家庭和照顧》，講談社，二〇一〇。
・佐江眾一，《黃落》，新潮社，一九九五。
・笹谷春美，《家庭關懷的結構分析——從家庭變動論的觀點出發》（平成九年度、一〇年度科學研究費補助款研究成果報告），二〇〇〇。

後記

我不是研究照顧的專家。我念的不是出了很多照顧研究專家的社會福利學，也沒有實際在照顧現場工作過。

友人曾經問我，為什麼會投入兒子照顧的研究？事實上，我研究兒子照顧的重點是放在「兒子」，而非「照顧」上。

我最感興趣的部分是「身為兒子的經驗」，尤其是家有年邁父母、自己也感覺不再年輕的「中高年齡兒子的經驗」。

我認為男人在面對「身為兒子的經驗」這個問題時，大部分其實都沒有坦率說出心中真實的想法。

比方說，當他們在談論「男人的生活態度」時，多半會擺出丈夫或父親的姿態。當他們振振有詞地說，身為一個成年男子應該有的姿態是「丈夫的角色」、「父親的角色」時，身為兒子的自己是不存在的。

假如男人會絮絮叨叨地敘述「身為兒子的經驗」，那大概會是一篇與年邁父母共同譜寫的感人戲碼，宛如小說家井上靖的《我的母親手記》一般，是充滿無止盡的思念，最終則一定會互相理解的親情故事。就算實情是像信田佐代子女士的書名《母愛枷鎖》那樣，男人（男生）也不會說吧。

對成年男子來說（或者正因為是成年男子？），沒有人會告訴他「身為兒子的經驗」，就算有人提到，也都是當做「美談佳話」在談論。

以這種方式得到的兒子經驗，幾乎可以說是謎團一樣的經驗。

仔細想來，這可以說是一件很奇妙的事情。因為並非所有男人都會成為丈夫或是父親，可是男人只要是男人，必定會是某個人的兒子。

我之前訪談的兒子照顧者，都會將他們背負照顧責任的「身為兒子的經驗」，原原本本地告訴我。

在訪談過程中，也有人噙著眼淚述說：「如果我說了這些事，別人可能會認為我很奇怪吧。」直率地向我透露自己的想法。

身為兒子照顧者，他們努力投入等同沒有模範準則的照顧工作，在這些男性的眼中，我顯然是一個缺乏人生經驗的「年輕小夥子」，而且我完全暴露了自己的不可靠，不是一個可以在訪談時讓對象「稍微冷靜」、放輕鬆的研究員。

對於這二十八位人生前輩面對這樣的我，還願意分享自己的看法和感受，在此衷心表達我的謝意。

另外，藉這個機會，我也要向盡力幫我聯繫這些兒子照顧者的醫療機構和社福機構的第一線工作人員，致上最深的謝意。

如果公開介紹兒子照顧者的單位，受訪者的身分就有可能曝光，因此我無法在此一一列出工作人員的姓名；但是我相信病人、入住安養機構的人以及他們的家人，一定非常信賴這些工作人員，所以應該有一些兒子照顧者是因為信任工作人員，才答應接受我的訪談吧。

完成這本書的初稿之後，我收到了出乎意料的「禮物」。那就是社會學家上野千鶴子老師的解說。

上野老師是性別研究領域首屈一指的權威，承蒙她將本書評為「另一種『男性學』」，我很感激她，也感到非常開心。

上野老師無比犀利地評論有關兒子照顧者的問題，不是只限於部分男性所面臨的特殊經歷，而是源自於所有男性都會有的「身為男人的難處」。她的解說如此精闢明快，讓我不免擔心自己寫的內容會顯得拖拖拉拉，更突顯我的含糊。

……我這樣形容，好像我和上野老師是第一次結緣，但事實上，從我剛滿二十歲開始，老師就一直照顧我。

我第一次遇到上野老師，是選修她在文學部開的課。

那也絕對是個巧合。

現在回想起來真的很慚愧，當時我幾乎沒有讀過她的書，根本不認識鼎鼎大名的「上野千鶴子」。

我選那門課是因為不必起個大早、不必調動打工時間，而且上課內容自己應該可以應付（當時上野老師開的那門課叫做「身分認同」，我認為社會心理學的東西我應該可以理解）。根據上述「檢索條件」，我選修了她在文學部唯一開的課程（上野老師，真對不起）。

這堂基於很大學生（動機不良）的理由而去上的課，讓我不斷地「茅塞頓開」，真的是有趣到不行。後來，我純粹因為「那位老師很有趣」的理由，自下個學年度開始，選修了老師在她本科系開的課。

就連原本是社會學本科系學生的必修課，尤其是大四生為了接受畢業論文指導而上的課，我也都事先沒通知就貿然進教室坐下。第一次上課時，老師要我填上自己的名字，我想那是她第一次認識我這個人吧。

「就算你是外面（外系）的人，我也一視同仁。」承蒙老師關照，所以我一方面寫自己主修科系的畢業論文，一方面埋首於上野老師課堂上要用的訪問調查研究。時至今日，我可以勉強當個研究員，都多虧上野老師當時並沒有因為我是「外面的人」而有「特殊待遇」，她細心地教導了我閱讀文獻和整理理論的方法等「基本能力」。

我在就讀研究所期間轉往美國，因此包括大學和碩士課程在內，成為上野研究室學生的時間，加起來其實也只有兩年左右。可是，即便我在美國，老師也一直很關心我。

在我拜訪加州的某個城市時，她介紹了在當地擔任研究員的朋友給我認識；短暫回到日本時，就算百忙中她也一定撥空見我。她曾經在接近中午時，（若無其事）把我叫到研究室，然後又（若無其事）幫我準備好便當。我很感動地說：「這是老師幫我做的吧！」結果她竟然回答：「不是，蔬菜是農夫種的。」

由於我經常在奇怪的地方堅持己見、不肯妥協，也常為了讓「自己播下的種子」能順利成長，吃了不少苦頭，而總是聽我發牢騷的上野「老師」，竟然在解說的文章中稱呼我「作者平山先生」，跟平常不一樣，感覺有一點奇怪。

為我這本書擔任解說的上野老師，不僅傾聽我的內容，而且從中找出我沒注意到的新觀點和可能性，她總是帶給我「繼續向前」的力量，以及「一定可以前進」的自信。她為我的這本書做後盾，以解說的方式送給我最棒的「新書問世贈禮」，真的非常感謝。謝謝。

這本書的初稿原本應該可以更早完成，但是我優柔寡斷的個性發揮威力，讓我反覆地「寫了又刪」，因此進行得很不順利。儘管如此，最後得以成書，多虧許多人在背後支持。

東京都健康長壽醫療中心研究所的小川圓小姐、野本惠美小姐、兒玉寬子小姐、島田千穗小姐、伊東美緒小姐，會在我陷入苦思（或是不陷入苦思）的時候，常常逗我笑，當我想不出點子時，幫我一起挖掘尋找。

而最照顧我的人，就是幫我編輯這本書的光文社的草薙麻友子小姐。每次我把書丟著不管，那份「幹勁」就會馬上變成「軟弱」，而她總是適時用溫暖的話語幫我維持品質。老實說，我在寫書的過程中，彷彿不知道該往哪裡去，卻又必須走下去；但是我能夠在不知不覺中抵達終點，都是因為草薙小姐絕對不打亂我的步調，卻又踏踏實實地引導我。

最後，我要向我的雙親致上最深的謝意。他們為我解答許多最根本的問題，比如「所謂的『身為兒子的經驗』，到底是什麼」。有一天，當我能夠回答「兒子應該如何面對照顧」這個問題時，他們一定是首當其衝、也是最受到那個答案影響（危害？）的兩位，感謝他們一直悄悄地守護已經成為研究員的我。

我是兒子，我來照顧：28位兒子照顧者的真實案例，長照路上最深刻的故事／平山亮作；上野千鶴子解說；薛寧心譯. -- 初版. -- 新北市：臺灣商務, 2019.05
300 面；14.8×21公分. --（人文）
ISBN 978-957-05-3204-3（平裝）

1.老人養護 2.長期照顧 3.照顧者

544.85 108004650

人文

我是兒子，我來照顧

28 位兒子照顧者的真實案例，長照路上最深刻的故事

作　　者：平山亮
解　　說：上野千鶴子
譯　　者：薛寧心
發 行 人：王春申
總 編 輯：李進文
編輯指導：林明昌
責任編輯：林蔚儒
封面設計：謝捲子
內頁排版：張靜怡

業務經理：陳英哲
行銷企劃：魏宏量、張傑凱
出版發行：臺灣商務印書館股份有限公司
23141 新北市新店區民權路 108-3 號 5 樓（同門市地址）
電話：(02) 8667-3712　傳真：(02) 8667-3709
讀者服務專線：0800056196
郵　　撥：0000165-1
E-mail：ecptw@cptw.com.tw
網路書店網址：www.cptw.com.tw
Facebook：facebook.com.tw/ecptw

局版北市業字第 993 號
初　　版：2019 年 5 月
印 刷 廠：沈氏藝術印刷股份有限公司
定　　價：新台幣 360 元
法律顧問：何一芃律師事務所

臺灣商務官方網站　臺灣商務臉書專頁